Joseph Kardinal Ratzinger

Aus meinem Leben

Erinnerungen (1927–1977)

WILHELM HEYNE VERLAG
MÜNCHEN

HEYNE SACHBUCH
19/709

Titel der italienischen Originalausgabe: LA MIA VITA
Erschienen 1997 bei Edizioni San Paolo, Cinisello Balsamo
(Mailand).

Umwelthinweis:
Dieses Buch wurde auf chlor- und säurefreiem Papier gedruckt.

Taschenbucherstausgabe 4/2000
Copyright © 1997 Edizioni San Paolo
Copyright © der deutschsprachigen Ausgabe
1998 Deutsche Verlags-Anstalt GmbH, Stuttgart
Wilhelm Heyne Verlag GmbH & Co. KG, München
http://www.heyne.de
Printed in Germany 2000
Umschlagillustration: Deutsche Presse-Agentur, München
Umschlaggestaltung: Atelier Bachmann & Seidel, Reischach
Gesamtherstellung: Ebner Ulm

ISBN 3-453-16509-8

Inhalt

Kindheit zwischen Inn und Salzach

Es ist gar nicht leicht zu sagen, wo ich eigentlich zu Hause bin. Mein Vater wurde als Gendarm wiederholt versetzt, so daß wir viel auf Wanderschaft waren, bis wir 1937, als er mit sechzig Jahren in Pension ging, das Haus in Hufschlag bei Traunstein beziehen konnten, das dann unsere eigentliche Heimat geworden ist. Aber auch alles Wandern vorher blieb in einem begrenzten Radius: im Inn-Salzach-Dreieck, dessen Landschaft und Geschichte meine Jugend geprägt hat. Es ist altes keltisches Kulturland, das dann Teil der römischen Provinz Rätien wurde und immer stolz auf diese doppelte kulturelle Wurzel geblieben ist. Keltische Schatzfunde weisen in weite Vergangenheit zurück und verbinden uns mit der keltischen Welt Galliens und Britanniens. Römerstraßen sind in Stücken gegenwärtig geblieben, und nicht wenige Orte können mit Selbstbewußtsein ob langer Geschichte auf ihren ehemaligen lateinischen Namen verweisen. Mit den römischen Soldaten ist das Christentum gewiß schon in vorkonstantinischer Zeit eingedrungen, und wenn es auch in den Wirren der Völkerwanderung weithin verschüttet wurde, so haben sich doch Rinnsale des Glaubens die dunklen Zeiten hindurch gerettet, an die die Missionare anknüpfen konnten, die aus Gallien, aus Irland, aus England hierhergekommen sind; manche meinen sogar, auch byzantinische Einflüsse feststellen zu können. Salzburg – das römische Iuvavum – wurde zur christlichen Metropole, die die Kulturgeschichte dieses Landes bis zur napoleonischen Ära hin entscheidend formte. Virgil, dieser merkwürdig eigenwillige und widerspenstige Bischof aus Irland, wurde zu einer prägenden Gestalt, mehr noch der aus Gallien gekommene Rupert, dessen Verehrung hier weit lebendiger ist als die des Gründers des Freisinger Bistums, Korbinian, denn erst nach den napoleonischen Wirren ist der bayerische Teil dieses Landes dem neu gegründeten Erzbistum München-Freising zugeschlagen worden. Natürlich darf man bei der Nennung dieser alten christlichen Geschichte den Angelsachsen Bonifatius nicht vergessen, der dem ganzen damaligen bairischen Raum seine kirchliche Struktur gegeben hat.

Geboren bin ich am Karsamstag, dem 16. April 1927, zu Marktl am Inn. Daß der Geburtstag der letzte Tag der Karwoche und der Vorabend von Ostern war, wurde in der Familiengeschichte immer vermerkt, denn damit hing es zusammen, daß ich gleich am Morgen meines Geburtstages mit dem eben geweihten Wasser in der zu jener Zeit am Vormittag gefeierten »Osternacht« getauft worden bin: Der erste Täufling des neuen Wassers zu sein, wurde als eine bedeutsame Fügung angesehen. Daß mein Leben so von Anfang an auf diese Weise ins Ostergeheimnis eingetaucht war, hat mich immer mit Dankbarkeit erfüllt, denn das konnte nur ein Zeichen des Segens sein. Freilich – es war nicht Ostersonntag gewesen, sondern eben Karsamstag. Aber je länger ich nachdenke, desto mehr scheint mir das dem Wesen unseres menschlichen Lebens gemäß zu sein, das noch auf Ostern wartet, noch nicht im vollen Licht steht, aber doch vertrauensvoll darauf zugeht. Da wir Marktl

Geburtshaus
Des Kardinals
Dr. Joseph Ratzinger
Erzbischof
von
München-Freising
geb. 16. April 1927

Das Geburtshaus des Kardinals in Marktl am Inn. Hier wurde Kardinal Ratzinger am 16. April 1927 als drittes Kind der Eheleute Josef und Maria Ratzinger geboren.

Im idyllischen Marktl wirkte der Vater des Kardinals von 1925 bis 1929 als Kommandant der Gendamerie-Station.

bereits zwei Jahre nach meiner Geburt – 1929 – verlassen haben, ist mir keine eigene Erinnerung daran geblieben, nur die Erzählungen meiner Eltern und Geschwister. Sie haben mir von dem tiefen Schnee und der klirrenden Kälte berichtet, die an meinem Geburtstag herrschten, so daß die beiden älteren Geschwister zu ihrer großen Betrübnis nicht mit zu meiner Taufe kommen durften, um der Erkältungsgefahr entgegenzuwirken. Es war keine leichte Zeit, die die Familie in Marktl verbrachte: Arbeitslosigkeit herrschte, die Reparationen lasteten auf der deutschen Wirtschaft, der Streit der Parteien brachte die Menschen gegeneinander auf, Krankheiten suchten die Familie heim. Aber es gab auch viele schöne Erinnerungen an Freundschaft und an gegenseitige Hilfe, an kleine Feste in der Familie und an das kirchliche Leben. Und ich darf nicht vergessen anzumerken, daß Marktl ganz nah bei Altötting liegt, dem altehrwürdigen Marienheiligtum aus karolingischer Zeit, das seit dem späten Mittelalter zum großen Wallfahrtsort für Bayern und das westliche Österreich geworden ist. Altötting empfing gerade in jenen Jahren neuen Glanz, als der ehemalige Pförtner Bruder Konrad von Parzham selig- und dann heiliggesprochen wurde. In diesem demütigen und grundgütigen Menschen fanden wir das Beste unseres Stammes verkörpert und durch den Glauben zu seinen schönsten Möglichkeiten geführt. Später habe ich oft nachgedacht über diese merkwürdige Fügung, daß die Kirche im Jahrhundert des Fortschritts und der Wissenschaftsgläubigkeit sich selbst am meisten dargestellt fand in ganz einfachen Menschen, in Bernadette von Lourdes etwa oder eben in Bruder Konrad, die von den Strömungen der Zeit kaum berührt schienen: Ist das ein Zeichen, daß die Kirche ihre kulturprägende Kraft verloren hat und nur noch außerhalb des eigentlichen Geschichtsstroms angesiedelt ist? Oder ist es ein Zeichen, daß der helle Blick für das Wesentliche gerade auch heute den Geringen gegeben ist, der den »Weisen und Verständigen« so oft abgeht (vgl. Mt 11,25)? Ich denke schon, daß gerade diese »kleinen« Heiligen ein großes Zeichen an unserer Zeit sind, das mich um so mehr berührt, je mehr ich mit und in ihr lebe.

Aber zurück zu meiner Kindheit. Die zweite Station unserer Wanderschaft war Tittmoning, die kleine Stadt an der Salzach, deren Brücke zugleich die Grenze nach Österreich bildet. Tittmoning, architektonisch ganz vom Salzburgischen her geprägt, ist das Traumland meiner Kindheit geblieben. Da ist der große, ja, majestätische Stadtplatz mit seinem noblen Brunnen, begrenzt vom Laufener und vom Burghausener Tor, von stolzen alten Bürgerhäusern umschlossen – wahrhaftig ein Platz, der größeren Städten Ehre machen würde. Besonders die nächtens beleuchteten weihnachtlichen Auslagen der Geschäfte sind mir wie eine wunderbare Verheißung in Erinnerung geblieben. In Tittmoning hatte Bartholomäus Holzhauser in der Zeit des Dreißigjährigen Krieges seine apokalyptischen Gesichte niedergeschrieben. Ihm kommt aber vor allem das Verdienst zu, daß er die auf Eusebius von Vercelli und auf den heiligen Augustinus zurückgehende Idee des gemeinschaftlichen Lebens der Weltpriester wieder aufgegriffen und erneuert hat. Von dem einst durch ihn in der kleinen Stadt an der Salzach begründeten Stift waren immerhin die Titel übriggeblieben: Der Pfarrer hieß Stiftsdekan, die Kapläne Kanoniker. Wie es sich in Kanonikatskirchen ziemt, wurde das Allerheiligste in einer eigenen Sakramentskapelle und nicht im Tabernakel auf dem Hochaltar aufbewahrt. So hatten wir das Gefühl, daß es mit unserem Städtchen in jeder Hinsicht etwas Besonderes auf sich habe; man sah es auch daran, daß der Pfarrhof wie ein kleines Schloß auf der Anhöhe hoch über der Stadt thronte. Am meisten aber liebten wir die schöne alte barocke Klosterkirche, die einst den Augustiner-Chorherren gehört hatte, nun aber liebevoll von den Englischen Fräulein betreut wurde. In den alten Klostergebäuden war jetzt die Mädchenschule und der damals »Kinderbewahranstalt« genannte Kindergarten untergebracht. Ganz besonders hat sich meiner Erinnerung das »heilige Grab« mit vielen Blumen und bunten Lichtern eingeprägt, das zwischen Karfreitag und Ostern hier aufgerichtet war und das Geheimnis von Tod und Auferstehung vor allem rationalen Begreifen den äußeren und inneren Sinnen nahekommen ließ.

Mit alledem sind noch bei weitem nicht alle Besonderheiten erzählt, die uns unsere Stadt liebenswert machten und uns stolz sein ließen darauf. Wenn man den Hügel hochstieg, der sich über dem Tal der Salzach erhebt, so kam man zu der Ponlach-Kapelle, einem liebenswerten barocken Heiligtum, das rings von Wald umgeben ist; daneben rauschen die klaren Wasser der Ponlach zu Tale. Oft sind wir drei Kinder mit unserer guten Mutter hier heraufgepilgert und haben den Frieden dieses Ortes auf uns wirken lassen. Und dann ist da natürlich die mächtige Burganlage nicht zu vergessen, die sich über der Stadt erhebt und von vergangener Größe erzählt. Die Gendarmerie und damit auch unsere Wohnung war in dem wohl schönsten Haus am Stadtplatz untergebracht, das einst dem Stiftskapitel gehört hatte. Freilich – die Schönheit der Fassaden verbürgt kein bequemes Wohnen. Das Pflaster der Böden war brüchig, die Stiegen hoch, die Zimmer verwinkelt. Küche und Wohnzimmer waren eng, dafür war das Schlafzimmer der ehema-

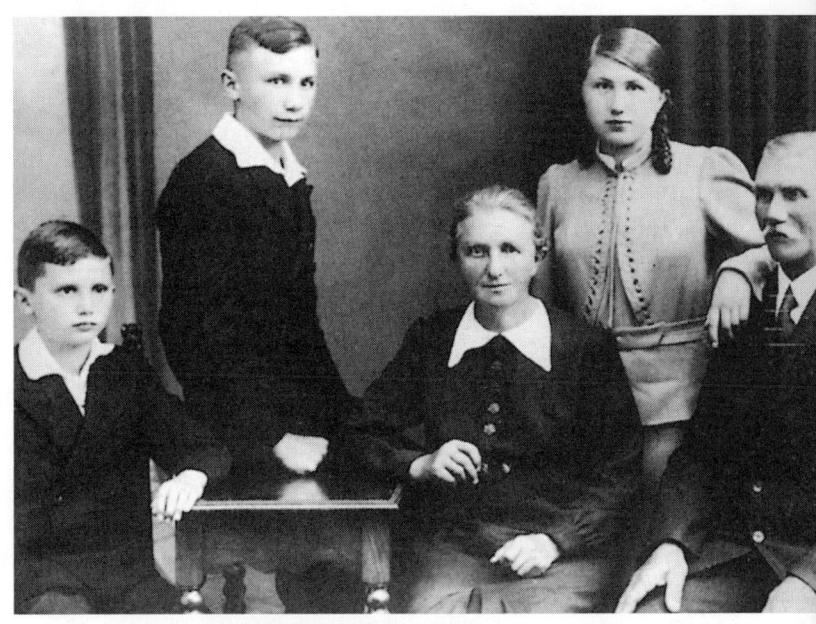

Die Familie Ratzinger im Jahre 1938
(von r. nach l.: Vater Josef, Schwester Maria,
Mutter Maria geb. Paintner,
die Brüder Georg und Joseph)

lige Kapitelssaal, was auch nicht gerade bequem gewesen ist. Für uns Kinder war das alles eher geheimnisvoll und spannend, für die Mutter aber, auf der die Last der Hausarbeit ruhte, bedeutete dies alles doch sehr viel Mühsal. Um so glücklicher war sie, wenn sie mit uns ein wenig wandern konnte. Wir gingen gern hinüber ins benachbarte Österreich. Es war ein eigenes Gefühl, mit wenigen Schritten »im Ausland« zu sein, in dem doch die gleiche Sprache und mit geringen Unterschieden sogar der gleiche Dialekt wie bei uns gesprochen wurde. Auf den Feldern suchten wir im Herbst den Feldsalat, in den Salzach-Auen fanden wir unter der Führung der Mutter manches für unsere Krippe, die wir besonders geliebt haben. Es gehört zu den schönen Erinnerungen, daß wir in den Weihnachtstagen bei einer alten Dame Besuch machen durften, deren Krippe fast den ganzen Raum ausfüllte und mit all ihren Wunderbarkeiten gar nicht genug betrachtet werden konnte. Auch kommt mir da der Dachboden in den Sinn, auf dem ein Freund für uns sein Marionetten-Theater vorführte, dessen Gestalten die Phantasie beflügelten.

Wir spürten allerdings auch, daß unsere heitere kindliche Welt nicht in ein Paradies eingelassen war. Hinter den schönen Fassaden verbarg sich viel stille Armut. Durch die Wirtschaftskrise war die kleine, von der Entwicklung vergessene Stadt an der Grenze sehr deutlich betroffen. Das politische Klima hatte sich zusehends verschärft. Auch wenn ich im einzelnen nicht verstand, was sich da abspielte, so sind mir doch die grellen Wahlplakate in Erinnerung und die ständigen Wahlkämpfe, auf die sie verwiesen. Die Unfähigkeit der damaligen Republik, politische Stabilität und damit überzeugendes politisches Handeln zu schaffen, war in diesem auch dem Kind fühlbaren Ausufern der Parteienkämpfe offenkundig. Immer stärker trumpfte die Nazi-Partei auf, die sich als die einzige Alternative zum drohenden Chaos erklärte. Als Hitler bei dem Versuch scheiterte, sich zum Reichspräsidenten wählen zu lassen, gab es ein Aufatmen bei Vater und Mutter, aber freilich wollten sie des gewählten Präsidenten Hindenburg nicht froh werden, in dem sie keinen sicheren Garanten gegen das Heraufdrängen der braunen Machthaber erblickten. Immer wieder mußte Vater bei Versammlungen gegen die Gewalttätigkeit der Nazis einschreiten. Wir spürten sehr deutlich auch die ungeheure Sorge, die auf ihm lastete und die er auch im Alltag nicht abzuschütteln vermochte.

Die ersten Schuljahre auf dem Dorf – der Schatten des »Dritten Reiches«

So entschloß er sich Ende 1932, noch einmal den Standort zu wechseln; er hatte sich in Tittmoning wohl zu sehr gegen die Braunen exponiert. Im Dezember, kurz vor Weihnachten, bezogen wir unsere neue Heimat in Aschau am Inn, einem behäbigen Bauerndorf mit großen, ansehnlichen Höfen. Mutter war von der schönen Wohnung angenehm überrascht, die uns nun zugedacht war. Ein Bauer hatte eine nach damaligen Maßstäben moderne Villa mit Erker und Balkon erbaut und an die Gendarmerie vermietet. Die Amtsräume und die Wohnung des zweiten Gendarmen fanden sich in Parterre. Uns war der erste Stock zugewiesen, in dem wir ein heimeliges Zuhause fanden. Ein Vorgarten mit einem schönen Wegkreuz gehörte zu der Villa, dazu eine große Wiese mit einem Karpfenteich, in dem ich übrigens beim Spielen beinahe einmal ertrunken wäre. In der Mitte des Dorfes stand, wie es sich in Bayern gehört, eine stattliche Brauerei, deren Wirtshaus Treffpunkt der Männer an den Sonntagen war; der eigentliche Dorfplatz fand sich am anderen Ende des Ortes mit nochmals einem ansehnlichen Wirtshaus, mit Kirche und Schule.

Natürlich fehlte uns Kindern zunächst das Großartige der kleinen Stadt, auf die wir so stolz gewesen waren. Die liebenswerte neugotisch ausgestattete Dorfkirche konnte sich nicht mit dem messen, was wir von Tittmoning her gewohnt waren. Die Geschäfte waren einfacher und der Dialekt ein Stück rauher, so daß wir anfangs manche Worte gar nicht verstanden. Aber sehr bald haben wir unser Dorf liebgewonnen und seine eigenen Schönheiten schätzen gelernt. Zunächst freilich überfiel uns die große Geschichte. Wir waren im Dezember 1932 angekommen; schon am 30. Januar 1933 übertrug Hindenburg Hitler das Amt des Reichskanzlers, was in der Sprache der Partei sofort »Machtergreifung« hieß – und das war es auch. Es wurde Macht ausgeübt vom ersten Augenblick an. Ich selbst habe an diesen regnerischen Tag keine Erinnerung, aber meine Geschwister haben mir erzählt, daß die Schule einen Marsch durch das Dorf vornehmen mußte, der zu einem etwas verwässerten Getrampel geriet und kaum besondere Begeisterung weckte. Immerhin hatte es auch auf dem Dorfe schon offene und versteckte Nazis gegeben, die nun ihre Stunde gekommen sahen und plötzlich zum Erschrecken vieler ihre braune Uniform aus der Truhe zogen. Die »Hitlerjugend« und der »Bund deutscher Mädchen« wurden eingeführt und mit der Schule verbunden, so daß auch mein Bruder und meine Schwester an deren Veranstaltungen teilnehmen mußten. Mein Vater litt darunter, daß er nun einer Staatsgewalt dienen mußte, deren Träger er als Verbrecher ansah, wenn auch gottlob der Dienst auf dem Dorf einstweilen davon kaum betroffen wurde. Das neue Regime wirkte sich in den vier Jahren, die wir hier verbrachten, soweit ich sehen kann, nur in der Bespitzelung von Priestern aus, die sich »reichsfeindlich« verhielten; es versteht sich von selbst, daß mein Vater daran nicht teilnahm, sondern im Gegenteil Priester warnte und unterstützte, wenn er wußte, daß ihnen Gefahr drohte.

Im übrigen konnte der Nationalsozialismus nur langsam das Leben in dem kleinen Dorf umformen. Zunächst blieb zum Beispiel der Lehrer weiterhin, wie es in Bayern üblich war, auch Organist und Chorleiter in der Kirche und war auch weiterhin verpflichtet, den Bibelunterricht zu erteilen, während der Katechismus Sache des Pfarrers war. Zunächst schien all dies durch das Konkordat sogar neu gesichert, aber bald zeigte sich, daß Vertragstreue für die neuen Herren nicht zählte. Der Kampf gegen die Bekenntnisschule kam in Gang; die noch immer bestehende Verbindung von Schule und Kirche sollte gelöst und ihre geistige Grundlage nicht mehr der christliche Glaube, sondern die Ideologie des »Führers« sein. Die Bischöfe führten den Kampf um die Bekenntnisschule, den Kampf um die Einhaltung des Konkordats, mit aller Schärfe: Die entsprechenden Hirtenbriefe, die der Pfarrer verlas, haben sich mir eingeprägt. Schon damals dämmerte mir, daß sie mit dem Kampf um die Institutionen die Realität zum Teil verkannten. Denn die bloße institutionelle Garantie nützt nichts, wenn nicht die Menschen da sind, die sie aus innerer Überzeugung heraus tragen. Das war aber nur zum Teil der Fall. Gewiß gab es in der älteren wie auch in der jüngeren Generation Lehrer mit tiefer gläubiger Überzeugung, für die der christliche Glaube von innen her Grundlage unserer Kultur und damit ihrer Erziehungsarbeit war. Aber es gab in der älteren Generation ein antiklerikales Ressentiment, das angesichts der ehemals von den Geistlichen geübten Schulaufsicht nicht unverständlich war. In der jüngeren Generation gab es überzeugte Nazis: Im einen wie im anderen Fall stieß das Pochen auf die institutionell verbürgte Christlichkeit ins Leere. Meine Lehrer in den vier Jahren meiner Aschauer Schulzeit waren nicht gerade glühende Christen, aber sie standen auch der neuen

Bewegung eher abwartend gegenüber. Da die Kirche nicht nur baulich, sondern vom ganzen Lebensgefühl her noch immer die Mitte des Dorfes bildete, wäre es auch wenig geschickt gewesen, sich allzu heftig gegen sie zu engagieren: Das hätte dem neuen Regime nur Gegner schaffen können.

Ein junger – übrigens sehr begabter – Lehrer war freilich begeistert von den neuen Ideen. Er machte den Versuch, nun doch in das feste Gefüge des vom Kirchenjahr geprägten dörflichen Lebens eine Bresche zu schlagen. So ließ er mit großem Pomp den Maibaum aufrichten und verfaßte eine Art Gebet an den Maibaum als Symbol der stets sich erneuernden Kraft des Lebens. Der Maibaum sollte ein Stück germanischer Religion wiederherstellen und so das Christliche verdrängen helfen, das als Entfremdung von der eigenen großen germanischen Kultur denunziert wurde. Im gleichen Sinn organisierte er Sonnwendfeiern, wiederum als Hinkehr zur heiligen Natur und zur eigenen Herkunft anstelle der fremden Ideen von Sünde und Erlösung, die uns von jüdischer und römischer Fremdreligion aufgedrängt worden seien. Wenn ich heute höre, wie man in vielen Teilen der Welt Kritik des Christentums als Zerstörung der eigenen kulturellen Identität und als Aufdrängen europäischer Werte betreibt, dann wundere ich mich, wie ähnlich die Argumentationstypen sind und wie vertraut mir so manche Floskeln klingen. Der nüchternen Mentalität bayerischer Bauern konnte man freilich damals mit solchen Sprüchen wenig imponieren. Die jungen Burschen interessierten sich mehr für die Würste, die am Maibaum hingen und den schnellsten Kletterern zufielen, als für die hochgestochenen Reden des Schulmeisters.

Ein anderes beunruhigendes Zeichen der neuen Zeit war der Leuchtturm, der alsbald auf dem Winterberg, einer der das Dorf umgebenden Höhen, errichtet wurde. Wenn er nachts mit seinem grellen Licht den Himmel abfuhr, erschien es uns wie das Wetterleuchten einer Gefahr, für die es noch keinen Namen gab. Es hieß, damit könne man feindliche Flugzeuge sichten. Aber über dem Aschauer Himmel gab es gar keine Flugzeuge, also auch keine feindlichen. Daß hier etwas vorbereitet wurde, was nur tief beunruhigen konnte, wurde dumpf wahrgenommen, aber niemand konnte dem Unheimlichen in der scheinbar immer noch ganz friedlichen Welt glauben. Als wir 1937 weggingen, erfuhren wir, daß der Bau eines »Werks« geplant sei, das dann alsbald sorgsam getarnt im Wald emporwuchs – eine Munitionsfabrik, die aus der Luft nicht auszumachen war: Was bevorstand, fing an, erschreckend deutliche Gestalt zu gewinnen.

Aber, wie gesagt, das haben wir selber nicht mehr erlebt. Einstweilen blieb aufs Ganze gesehen der Alltag des Dorfes wie eh und je. Zuerst wurde mein Bruder Ministrant; als er 1935 ins Traunsteiner Gymnasium und in das dortige Erzbischöfliche Studienseminar eintrat, folgte ich ihm nach, auch wenn ich es ihm an Eifer und Tüchtigkeit nicht gleichtun konnte. Meine Schwester besuchte vom gleichen Jahr an im benachbarten Kloster Au am Inn die Mittelschule für Mädchen, die von Franziskanerinnen in einem alten Kloster der Augustiner-Chorherren geführt wurde, zu dem eine der schönen Barockkirchen unseres bayerischen Landes gehörte. So blieb im Bildungswesen einstweilen die Kirche noch prägend, auch wenn die Schule in Au schon manchen Schikanen ausgesetzt war. Das bäuerliche Leben war noch in einer festen Symbiose mit dem Glauben der Kirche zusammengefügt: Geburt und Tod, Hochzeit und Krankheit, Saat und Ernte – alles war vom Glauben umschlossen. Auch wenn das persönliche Leben und Denken keineswegs immer dem Glauben der Kirche entsprach, so hätte sich doch niemand ein Sterben ohne die Kirche oder auch die großen Ereignisse des Lebens ohne sie vorstellen können. Das Leben wäre einfach ins Leere gelaufen, es hätte den tragenden Ort verloren, der es hielt und ihm Sinn gab. Man ging nicht so häufig zur Kommunion wie heute, aber es gab feste Termine für den Sakramentenempfang, denen sich kaum jemand entzog; wer seinen Osterbeicht-Zettel nicht hätte vorweisen können, wäre wie ein Asozialer angesehen worden. Wenn man heute sagt, dies sei doch alles sehr äußerlich und oberflächlich gewesen, so gebe ich gern zu, daß gewiß manche mehr aus sozialem Zwang als aus innerer Überzeugung handelten. Und doch war es nicht umsonst, daß in der Osterzeit auch die großen Bauern, die eigentlich rechte Gutsherren waren, ganz klein im Beichtstuhl knien und sich als Sünder anklagen mußten, nicht anders als ihre Knechte und Mägde, die es damals noch in großer Zahl gab. Ganz ohne Wirkung ist dieser Augenblick der Verdemütigung, in dem alle Standesunterschiede fielen, gewiß nicht geblieben.

Das Kirchenjahr gab der Zeit ihren Rhythmus, und ich habe das schon als Kind, ja, gerade als Kind mit großer Dankbarkeit und Freude empfunden. In der Adventszeit wurden in der Frühe die Engelämter mit großer Festlichkeit in der nachtdunklen, nur von Kerzen erhellten Kirche begangen. Die Vorfreude auf Weihnachten gab den düsteren Tagen ihr ganz besonderes Gepräge. Jedes Jahr wuchs unsere Krippe um einige Figuren, und es war immer eine besondere Freude, mit dem Vater Moos, Wacholder und Tannenzweige aus dem Wald zu holen. In der Fastenzeit wurden an den Donnerstagen Ölbergandachten gehalten, deren Ernst und Zuversicht mir immer tief in die Seele gedrungen sind. Besonders eindrucksvoll war dann am Abend des Karsamstag die Auferstehungsfeier. Die Kartage hindurch hatten schwarze Vorhänge die Kirchenfenster verhüllt und den ganzen Raum auch tagsüber in einem geheimnisvollen Dunkel gehalten. Bei den vom Pfarrer gesungenen Worten »Christus ist erstanden« fielen plötzlich die Vorhänge herunter, und strahlendes Licht durchflutete den Raum: Es war die eindrucksvollste Darstellung der Auferstehung des Herrn, die ich mir denken kann. Die Liturgische Bewegung, die damals ihren Höhepunkt erreichte, ließ unser Dorf nicht ganz unberührt. Der Pfarrer begann, für die Schuljugend Gemeinschaftsmessen zu organisieren, in denen aus dem »Schott« die Meßtexte vorgelesen und die Antworten gemeinsam gebetet wurden.

Was war der Schott? Ende des 19. Jahrhunderts hatte der Beuroner Benediktiner Anselm Schott das Meßbuch der Kirche ins Deutsche übertragen; es gab Ausgaben nur in deutscher Sprache, solche, in denen ein Teil der Texte lateinisch und deutsch abgedruckt war, und solche, in denen der gesamte lateinische und daneben der deutsche Text dargeboten wurde. Ein fortschrittlicher Pfarrer hatte meinen Eltern zu ihrem Hochzeitstag 1920 den Schott geschenkt; so war das Gebetbuch in unserer Familie von Anfang an gegenwärtig. Unsere Eltern haben uns früh geholfen, den Zugang zur Liturgie zu finden: Es gab ein an das Missale angelehntes Kindergebetbuch, in dem der Fortgang der heiligen Handlung in Bildern dargestellt war, so daß man dem Geschehen gut folgen konnte. Dazu gab es jeweils ein Gebetswort, in dem das Wesentliche der einzelnen Abschnitte der Liturgie aufgenommen und kindlichem Beten zugänglich gemacht war. Als nächste Stufe erhielt ich einen Schott für die Kinder, in dem schon die wesentlichen Texte der Liturgie selbst abgedruckt waren; dann den Sonntags-Schott, in dem nun die Liturgie der Sonn- und Feiertage vollständig dargeboten wurde, schließlich das vollständige Meßbuch für alle Tage. Jede neue Stufe im Zugehen auf die Liturgie war ein großes Ereignis für mich. Das jeweils neue Buch war eine Kostbarkeit, wie ich sie mir nicht schöner träumen konnte. Es war ein fesselndes Abenteuer, langsam in die geheimnisvolle Welt der Liturgie einzudringen, die sich da am Altar vor uns und für uns abspielte. Immer klarer wurde mir, daß ich da einer Wirklichkeit begegnete, die nicht irgend jemand erdacht hatte, die weder eine Behörde noch ein großer einzelner geschaffen hatte. Dieses geheimnisvolle Gewebe von Text und Handlungen war in Jahrhunderten aus dem Glauben der Kirche gewachsen. Es trug die Fracht der ganzen Geschichte in sich und war doch zugleich viel mehr als Produkt menschlicher Geschichte. Jedes Jahrhundert hatte seine Spuren eingetragen: Die Einführungen ließen uns erkennen, was aus der frühen Kirche, was aus dem Mittelalter, was aus der Neuzeit stammte. Nicht alles war logisch, es war manchmal verwinkelt und die Orientierung gewiß nicht immer leicht zu finden. Aber gerade dadurch war dieser Bau wunderbar und war er eine Heimat. Natürlich habe ich das als Kind nicht im einzelnen erfaßt, aber mein Weg mit der Liturgie war doch ein kontinuierlicher Prozeß eines Hineinwachsens in eine alle Individualitäten und Generationen übersteigende große Realität, die zu immer neuem Staunen und Entdecken Anlaß wurde. Die unerschöpfliche Realität der katholischen Liturgie hat mich durch alle Lebensphasen begleitet; so wird auch immer wieder die Rede davon sein müssen.

Gymnasialjahre in Traunstein

Gendarmen wurden damals ob der erheblichen physischen Anforderungen, die der Beruf an sie stellte, mit 60 Jahren in Pension geschickt. Mein Vater wartete mit Ungeduld auf diesen Tag. Die vielen Nachtdienste, die zu seinem Auftrag gehörten, setzten ihm zu. Mehr noch bedrückte ihn die politische Situation, in der er seinen Auftrag erfüllen mußte. Er nahm einen längeren Krankheitsurlaub, währenddessen er oft mit mir gewandert ist und mir aus seinem Leben erzählt hat. Endlich war am 6. März 1937 das sechzigste Lebensjahr erreicht. Bereits 1933 hatten die Eltern zu billigem Preis ein altes Bauernhaus aus dem Jahr 1726 (so stand es, wenn ich mich recht entsinne, auf einem Dachbalken) am Stadtrand von Traunstein erwerben können. Die früheren Besitzer hatten die Gründe verwirtschaftet, zu dem Haus gehörte nur noch eine große Wiese, auf der sich zwei mächtige Kirschbäume erhoben, dazu Apfel-, Birnen- und Zwetschgenbäume. Das Grundstück war begrenzt von einem Eichenwald, von dem uns nur wenige Schritte trennten, der dann in einen viele Stunden weit sich erstreckenden Nadelwald überging. Das Anwesen war im alpenländischen Stil des Salzburger Raumes erbaut; Scheunen und Ställe unter einem Dach mit dem Wohnbereich. Das Dach der Stallungen und Scheunen war noch mit hölzernen Schindeln gedeckt, die von Steinen gegen den Wind beschwert waren. Es gab kein laufendes Wasser, dafür vor dem Haus einen Brunnen, der köstliches frisches Wasser spendete, freilich später, als rundum weitere Häuser mit Brunnen entstanden, in dürren Zeiten immer wieder austrocknete. Die Fenster des Schlafzimmers, in dem wir zwei Buben untergebracht waren, gingen nach Süden. Wenn wir am Morgen die Vorhänge öffneten, standen vor uns wie greifbar der Hochfellen und der Hochgern, die beiden Traunsteiner »Hausberge«. Unsere Mutter hat aus dem zunächst ein wenig verfallenen Haus, das Vater hatte instand setzen lassen, im Lauf der Jahre ein herrliches Heim gemacht. Vor den Fenstern standen Blumenkästen; sie legte zwei Gärten an, in denen alles Nützliche wuchs und die wiederum von Blumen in Fülle umrandet waren. Dem Vater hat der bauliche Zustand dieses unseres Hauses, dieser unserer neuen Bleibe, manche Sorge bereitet, aber für uns Kinder war sie ein Paradies, wie wir es nicht schöner hätten träumen können. Es gab weitläufige Schuppen voller Geheimnisse, dazu eine halbdunkle Weberkammer, in der frühere Besitzer wohl dieses Handwerk ausgeübt hatten. Dazu die Wiese, der Brunnen, die Bäume, der Wald... Hier haben wir nach vielem Wandern nun unsere wahre Heimat gefunden, in die mein Erinnern immer wieder dankbar zurückkehrt. Unvergessen bleibt der erste Anblick: Der Möbelwagen war schon vorausgefahren; wir kamen mit dem Auto der Aschauer Wirtin an und sahen als erstes die Wiese, die von Schlüsselblumen übersät war. Es war Anfang April.

Mit dem Umzug nach Traunstein begann aber für mich auch ein neuer Ernst. Wenige Tage nach der Ankunft öffnete die Schule ihre Pforten; ich ging nun in die erste Klasse des »humanistischen Gymnasiums«, das man heute als altsprachliches Gymnasium bezeichnen würde. Ich hatte einen Schulweg von einer halben Stunde, der reichlich Zeit zum Schauen und Sinnieren, aber auch zum Wiederholen des in der Schule Erlernten gab. Die Aschauer Volksschule hatte am Schluß wenig geboten. Nun fand ich mich einer neuen Disziplin und einem neuen Anspruch ausgesetzt, zumal ich der Jüngste und einer der Kleinsten in der ganzen Klasse war. Noch wurde Latein als Basis des ganzen Unterrichts in alter Strenge und Gründlichkeit gelehrt, wofür ich ein Leben lang dankbar geblieben bin: Ich hatte als Theologe keine Schwierigkeit, die Quellen in Latein und Griechisch zu studieren und konnte mich in Rom beim Konzil, obwohl ich nie lateinische Vorlesungen gehört hatte, schnell in das damals gesprochene Theologen-Latein einfügen.

Auch im Traunsteiner Gymnasium hatte der Nationalsozialismus einstweilen noch wenig zu verändern vermocht. Keiner aus der alten Garde der Altphilologen hatte sich der Partei angeschlossen, trotz des erheblichen Drucks, der auf die Beamten ausgeübt wurde. Bald nach meinem Eintritt in das Gymnasium wurde schon der zweite Oberstudiendirektor abgeschoben, weil er den neuen Herren nicht entsprach. Rückschauend scheint mir, daß die Bildung an der griechischen und lateinischen Antike eine geistige Haltung schuf, die der Verführung durch die totalitäre Ideologie entgegenstand. Beim Durchblättern unseres damaligen Liederbuchs, das neben wertvollem altem Liedgut auch eine Reihe Nazi-Lieder enthielt oder in altes Nazi-Worte eingeschleust hatte, habe ich gesehen, daß unser Musiklehrer, ein aufrechter Katholik, uns anwies, das Wort »Juda den Tod« dick durchzustreichen und stattdessen zu schreiben: Wende die Not. Aber schon ein Jahr nach meinem Eintritt ins Gymnasium kam eine einschneidende »Reform«. Bisher hatten das

Gymnasium und die Realschule als zwei getrennte Einrichtungen nebeneinander bestanden. Nun wurden sie zu einem neuen Schultypus, der sogenannten Oberschule verschmolzen, in der der Griechisch-Unterricht ganz verschwand, Latein erheblich zurückgedrängt und erst im dritten Jahr begonnen wurde, dafür die modernen Sprachen, besonders Englisch, und die Naturwissenschaften größeres Gewicht erhielten. Mit dem neuen Schultypus kam auch eine neue und jüngere Generation von Lehrern, in der es gewiß ausgezeichnete Kräfte gab, aber nun eben auch entschiedene Vorkämpfer des neuen Regimes. Wieder drei Jahre später wurde der Religionsunterricht aus der Schule verbannt, dafür der Anteil des Sportunterrichts gesteigert. Gottlob überließ man aber dem zum Absterben bestimmten Gymnasium weitgehend seine alte Form.

Inzwischen wurde auch das Donnergrollen der Weltgeschichte deutlicher. Im Frühjahr 1938 waren Truppenbewegungen nicht zu übersehen; man sprach von Krieg gegen Österreich, bis uns eines Tages der Einmarsch der deutschen Wehrmacht dorthin und der »Anschluß« Österreichs ans deutsche Reich gemeldet wurde, das fortan »Großdeutschland« hieß. Für uns hatte die Machtergreifung der braunen Herrscher in Österreich freilich auch eine positive Seite: Die Grenzen des Nachbarlandes waren durch Hitler verschlossen worden. Ich erinnere mich noch, wie wir einmal von Aschau aus einen Ausflug ins geliebte Tittmoning machten, aber die Salzach-Brücke, über die wir so oft gegangen waren, war nun verriegelt – keine Brücke mehr, sondern eine Grenze. Nun war Österreich wieder offen, freilich um einen teuren Preis. Mit den Eltern sind wir von da an oft ins nahe Salzburg hinübergefahren; immer gehörte dazu die Wallfahrt nach Maria Plain, der Besuch der herrlichen Kirchen und das Angerührtsein von der Atmosphäre dieser einzigartigen Stadt. Bald ergriff mein Bruder die Initiative, um noch eine andere Dimension von Salzburg kennenzulernen: Die Festspiele waren durch den Krieg vom internationalen Publikum abgeschnitten; es war möglich, zu ganz billigen Preisen recht ordentliche Karten zu erhalten. So haben wir Beethovens neunte Symphonie unter Knappertsbusch, die C-moll Messe von Mozart, ein Konzert der Regensburger Domspatzen und manche anderen unvergeßlichen Konzerte erlebt.

Für mich hatte sich inzwischen eine recht einschneidende Änderung in meinem Leben ergeben. Zwei Jahre lang war ich mit großer Freude Tag um Tag von zu Hause in die Schule gegangen, aber nun drängte der Pfarrer darauf, ich müsse ins Knabenseminar eintreten, um wirklich systematisch ins geistliche Leben eingeführt zu werden. Für meinen Vater, dessen Pension reichlich karg bemessen war, war dies ein großes Opfer. Immerhin hatte meine Schwester nach der Mittleren Reife und nach dem damals für Mädchen vorgeschriebenen landwirtschaftlichen Pflichtjahr 1939 einen Büroposten in einem großen Geschäft in Traunstein angetreten und dadurch das Budget der Familie entlastet. So wurde der Entschluß gefällt, und ich trat an Ostern 1939 ins Seminar ein, freudig und mit großen Erwartungen, weil mein Bruder viel Schönes davon erzählt hatte und weil ich mit den Seminaristen meiner Klasse in guter Freundschaft lebte. Aber ich gehöre zu den Menschen, die nicht fürs Internat geschaffen sind. Ich hatte in großer Freiheit zu Hause gelebt, studiert, wie ich wollte, und meine eigene kindliche Welt gebaut. Nun in einen Studiersaal mit etwa sechzig anderen Buben eingefügt zu sein, war für mich eine Folter, in der mir das Lernen, das mir vorher so leicht gewesen war, fast unmöglich schien. Die größte Belastung aber war es für mich, daß – einer fortschrittlichen Idee von Erziehung folgend – jeden Tag zwei Stunden Sport auf dem großen Spielplatz des Hauses vorgesehen waren. Da ich sportlich nun einmal ganz unbegabt bin und überdies als der Jüngste unter den Mitschülern, die bis zu drei Jahre älter waren als ich, fast allen an Kräften weit unterlegen war, wurde dies zu einer wahren Folter für mich. Ich muß eigens sagen, daß meine Kameraden sehr tolerant waren, aber es ist auf die Dauer nicht schön, von der Toleranz der anderen leben zu müssen und zu wissen, daß man für die Mannschaft, der man zugeteilt wird, nur eine Belastung darstellt.

Inzwischen spitzte sich das Drama der Geschichte ob der Gewaltakte des Dritten Reiches weiter zu. Die Sudetenkrise wurde ausgelöst und mit einer selbst für Halbblinde durchsichtigen Lügenmaschinerie angeheizt. Es war klar, daß das Münchener Abkommen vom Herbst 1938, das die Annexion der Sudetengebiete durch das Dritte Reich sanktionierte, nur eine Verschiebung, aber keine Lösung des Problems war. Mein Vater konnte es nicht verstehen, daß die Franzosen, auf die er große Stücke hielt, einen Rechtsbruch Hitlers nach dem anderen fast wie etwas Normales hinzunehmen schienen. Im Frühjahr 1939 folgte die Besetzung der Tschechoslowakei und am 1. September des gleichen Jahres nach einer neuen, im gleichen Ritual gestalteten Kampagne gegen Polen der Kriegsausbruch. Noch war der Krieg weit von uns, aber die Zukunft stand doch unheimlich, drohend und undurchdringlich da. Die unmittelbare Folge des Kriegsausbruches war, daß das Knabenseminar zum Lazarett erklärt wurde und ich wieder, nun zusammen mit meinem Bruder, von zu Hause aus in die Schule gehen konnte. Aber der Direktor fand Ausweichquartiere, zunächst im Kurhaus der Stadt (die nach dem Willen von Pfarrer Kneipp eigentlich eine große Kneipp-Stadt hätte werden sollen), dann in dem Mädchen-Institut der Englischen Fräulein zu Sparz hoch über der Stadt. Da die Nazis die Klosterschulen geschlossen hatten, stand das Haus weitgehend leer, und die Seminargemeinschaft konnte nun dort unterkommen. Aber es gab keinen Sportplatz, stattdessen wanderten wir nachmittags zusammen in den weiten Wäldern der Umgebung und spielten an dem nahen Gebirgsbach. Stauwerke wurden gebaut, Fische gefangen usw. Es war ein rechtes fröhliches Bubenleben. Hier habe ich mich mit dem Seminar versöhnt und eine schöne Zeit verlebt. Ich mußte lernen, mich ins Ganze einzufügen, aus meiner Eigenbrötelei herauszutreten und im Geben und Empfangen eine Gemeinschaft mit den anderen zu bilden: Für diese Erfahrung bin ich dankbar, sie war wichtig für mein Leben.

Anfangs schien der Krieg fast unwirklich. Nachdem Hitler Polen in der Gemeinschaft mit Stalins Sowjetunion brutal niedergeworfen hatte, war es still geworden. Die Westmächte schienen unschlüssig, und an der Front zu Frankreich hin geschah praktisch nichts. 1940 wurde dann das Jahr der großen Triumphe Hitlers: Dänemark und Norwegen wurden besetzt; Holland, Belgien, Luxemburg und Frankreich wurden in kurzer Zeit niedergeworfen. Selbst Menschen, die dem Nationalsozialismus entgegengesetzt waren, empfanden eine Art von patriotischer Genugtuung: Mein späterer Bonner Kollege, der große Konzilshistoriker Hubert Jedin, der als Halbjude aus Deutschland hatte fliehen müssen und die Jahre der Hitlerzeit im Vatikanstaat im unfreiwilligen Exil verbrachte, hat in seinen Memoiren eindringlich den merkwürdigen Zwiespalt der Gefühle beschrieben, in den ihn die Ereignisse dieses Jahres trieben.

Mein Vater sah freilich mit einer unbestechlichen Hellsicht sehr genau, daß ein Sieg Hitlers nicht ein Sieg Deutschlands sein würde, sondern ein Sieg des Antichristen, der apokalyptische Zeiten für alle Gläubigen, und nicht nur für sie, heraufführen mußte.

Der Krieg ging seinen unerbittlichen Weg weiter. Als nächstes wurde der Balkan der Herrschaft Hitlers unterworfen. Daß sich freilich die groß angekündigte Invasion in Britannien immer weiter hinauszog, ließ doch Zweifel und Unruhe aufkommen. Unvergessen bleibt mir jener sonnige Sonntag des Jahres 1941, an dem uns die Nachricht überfiel, daß Deutschland mit seinen Verbündeten auf einer vom Nordkap bis zum Schwarzen Meer reichenden Front zum Angriff gegen die Sowjetunion angetreten sei. Meine Klasse hatte für diesen Tag eine kleine Bootsfahrt auf einem nahegelegenen See vereinbart. Die Fahrt war schön, aber die Nachricht von der neuen Ausweitung des Krieges lag wie ein Alptraum über uns und lähmte die Freude. Dies konnte nicht gut gehen. Wir dachten an Napoleon; wir dachten an die unermeßlichen Weiten Rußlands, in denen sich irgendwo der deutsche Angriff verlieren mußte.

Die Auswirkungen wurden rasch spürbar: Große Transporte mit zum Teil schrecklich verwundeten Soldaten rollten nun an. Jetzt wurde die ganze Lazarett-Kapazität benötigt. Alle verfügbaren Häuser, auch dasjenige in Sparz, wurden beschlagnahmt. Die von auswärts stammenden Seminaristen (praktisch alle) mußten nach Privatquartieren suchen. Mein Bruder und ich kehrten jetzt endgültig nach Hause zurück. Nun war aber auch klar, daß der Krieg noch lange dauern würde, und so rückte er immer bedrohlicher an unser Leben heran. Mein Bruder war siebzehn Jahre alt, ich vierzehn. Vielleicht würde ich verschont bleiben. Aber es war abzusehen, daß es für meinen Bruder kein Entrinnen mehr gab. Er wurde in der Tat im Sommer 1942 zum sogenannten Reichsarbeitsdienst eingezogen, im Herbst folgte die Einberufung zur Wehrmacht, wo er der Nachrichtentruppe als Funker zugeteilt wurde. Nach Aufenthalten in Frankreich, Holland, der Tschechoslowakei wurde er 1944 an die italienische Front geschickt, dort verwundet, und so kam er wunderbarer Weise ins Traunsteiner Seminar, für ihn die Stätte so vieler schöner Jahre, ins Lazarett, mußte aber nach der Genesung zurück an die Front in Italien.

Mir stand noch – bei aller Düsterkeit des geschichtlichen Kontextes – ein schönes Jahr zu Hause und am Traunsteiner Gymnasium bevor. Die griechischen und lateinischen Klassiker begeisterten mich, auch Mathematik war mir inzwischen liebgeworden. Vor allem aber entdeckte ich nun die Literatur. Ich las hingerissen Goethe, während Schiller mir ein wenig zu moralistisch erschien und liebte besonders die Schriftsteller des 19. Jahrhunderts: Eichendorff, Mörike, Storm, Stifter, während andere wie Raabe und Kleist mir eher fremd blieben. Natürlich begann ich auch selber eifrig zu dichten und wandte mich mit neuer Freude den liturgischen Texten zu, die ich besser und lebendiger aus den Urtexten zu übertragen versuchte. Es war eine hochgemute Zeit, voll Hoffnung auf das Große, das sich in der unermeßlichen Welt des Geistes immer mehr erschloß. Daneben freilich stand dies andere, daß fast täglich die Nachricht von einem Gefallenen in der Zeitung stand, daß fast jeden Tag ein Totengottesdienst für einen jungen Mann gehalten werden mußte. Die Namen rückten immer näher an uns heran. Es waren immer mehr Mitschüler aus dem Gymnasium dabei, die wir vor kurzem noch als Kameraden voll Lebensfreude und Zuversicht gekannt hatten.

Kriegsdienst und Gefangenschaft

Angesichts des wachsenden Verschleißes an Menschen hatten sich die Machthaber 1943 etwas Neues ausgedacht. Es wurde festgestellt, daß Internatsschüler ohnedies von zu Hause entfernt in Gemeinschaft leben mußten und daß daher nichts im Wege stand, ihr Internat zu verlegen, nämlich an die Batterien der Flugabwehr (Flak). Da sie ja ohnedies nicht den ganzen Tag lernen konnten, erschien es als ganz normal, sie in der Freizeit für Dienste in der Abwehr feindlicher Flieger einzusetzen. Ich war nun zwar faktisch längst nicht mehr im Internat, gehörte aber doch juristisch dem Traunsteiner Knabenseminar an. So wurde die kleine Gruppe der Seminaristen meiner Klasse – die Jahrgänge 1926 und 1927 – zur Flak nach München einberufen. Mit sechzehn Jahren mußte ich jetzt ein sehr eigenartiges »Internat« auf mich nehmen. Wir wohnten in Baracken wie die regulären Soldaten, die freilich in der Minderzahl waren, wurden in ähnliche Uniformen gesteckt und hatten im wesentlichen denselben Dienst zu tun, nur mit dem Unterschied, daß wir nebenher auch noch einen reduzierten Unterricht genossen, den die Lehrer des renommierten Münchener Maximilians-Gymnasiums erteilten. Das war in vieler Hinsicht eine interessante Erfahrung. Wir bildeten nun mit den echten Schülern dieses Gymnasiums, die ebenfalls zur Flak einberufen waren, eine Klasse und stießen so auf eine für uns neue Welt. Wir Traunsteiner waren zwar in Latein und Griechisch besser, aber wir merkten doch, daß wir eben in der Provinz gelebt hatten und daß die Metropole mit ihrem vielfältigen kulturellen Angebot unseren neuen Klassenkameraden andere Horizonte eröffnet hatte. Es gab anfangs manche Reibungen, aber wir sind dann doch zu einer guten Gemeinschaft zusammengewachsen.

Unser erster Standort war Ludwigsfeld im Norden Münchens, wo wir ein Zweigwerk der Bayerischen Motorenwerke schützen sollten, in dem Flugzeugmotoren hergestellt wurden. Dann folgte Unterföhring, im Nordosten von München, für kurze Zeit Innsbruck, wo der Bahnhof zerstört worden war und Schutz nötig schien. Als dort keine Angriffe mehr erfolgten, wurden wir schließlich nach Gilching nördlich des Ammersees mit einem doppelten Auftrag verlegt: Wir hatten die naheliegenden Dornier-Werke zu verteidigen, aus denen die ersten Düsenjäger in die Luft stiegen, und wir sollten ganz allgemein die alliierten Flieger, die sich für die Angriffe auf München in diesem Bereich sammelten, am Vordringen in die Hauptstadt hindern.

Ich brauche nicht eigens zu sagen, daß die Zeit bei der Flak mancherlei Unbill mit sich brachte, besonders für einen so unmilitärischen Menschen, wie ich es bin. Aber an Gilching habe ich doch eine sehr schöne Erinnerung. Ich gehörte jetzt der Telefonvermittlung zu, und der Unteroffizier, der uns vorstand, verteidigte unerbittlich die Autonomie unserer Gruppe. Wir waren von allen militärischen Übungen frei, und niemand wagte, sich in unsere kleine Welt einzumischen. Die Autonomie erreichte ihren Höhepunkt, als ich meine Wohnstelle in der Nachbarbatterie zugewiesen erhielt und aus unerfindlichen Gründen sogar

Als Luftwaffenhelfer (1943)

einen Raum ganz für mich allein hatte – sozusagen ein richtiges, wenn auch primitives Einzelzimmer. Außerhalb meiner Dienststunden konnte ich nun tun und lassen, was ich wollte, und mich ungehindert meinen Interessen hingeben. Außerdem war da eine erstaunlich große Gruppe von aktiven Katholiken, die sogar Religionsunterricht organisierten und gelegentliche Kirchenbesuche durchsetzten. So ist mir dieser Sommer paradoxerweise als eine herrliche Zeit eines weithin unabhängigen Daseins ins Gedächtnis eingeschrieben.

Freilich, die geschichtliche Großwetterlage war alles andere als ermutigend. Im Frühjahr schon war unsere Batterie direkt angegriffen worden mit einem Toten und mehreren Verwundeten als Folge. Im Sommer setzten systematische Großangriffe auf München ein. Wir durften dreimal in der Woche in die Stadt, ans Max-Gymnasium zum Unterricht fahren, aber es war erschreckend, jedes Mal neue Zerstörungen zu sehen und zu erleben, wie die Stadt Stück um Stück in Trümmer versank. Immer mehr erfüllten Rauch und Brandgeruch die Luft. Schließlich waren auch die regelmäßigen Bahnfahrten nicht mehr möglich. In dieser Situation sahen die allermeisten von uns die im Juli endlich begonnene Invasion der westlichen Alliierten in Frankreich als ein Hoffnungszeichen an: Es gab im Grund ein großes Vertrauen zu den Westmächten und die Hoffnung, daß deren Rechtsempfinden auch Deutschland zu einer neuen, friedlichen Existenz verhelfen werde. Freilich – wer von uns würde das erleben? Keiner von uns konnte sicher sein, daß er aus dem Inferno als Lebender heimkehren würde.

Am 10. September 1944 wurden wir, inzwischen ins militärische Alter gekommen, aus der Flak entlassen, in der wir ja als Schüler gedient hatten. Als ich heimkam, lag schon die Einberufung zum Reichsarbeitsdienst auf dem Tisch. Am 20. September führte eine endlose Fahrt ins Burgenland, wo wir – viele Freunde des Traunsteiner Gymnasiums waren dabei – im Dreiländereck Österreich/Tschechoslowakei/Ungarn – unser Lager zugewiesen erhielten. Die Wochen beim Arbeitsdienst sind für mich eine bedrückende Erinnerung. Unsere Vorgesetzten waren großenteils ehemalige Angehörige der sogenannten Österreichischen Legion, also Alt-Nazis, die unter Bundeskanzler Dollfuß im Gefängnis gesessen waren, fanatische Ideologen, die uns kräftig tyrannisierten. Eines Nachts wurden wir aus den Betten geholt und im Trainingsanzug, halb schlaftrunken, versammelt. Ein SS-Offizier ließ jeden einzeln vortreten und versuchte, unter Ausnutzung unserer Müdigkeit und durch die Bloßstellung eines jeden vor der versammelten Gruppe, »freiwillige« Meldung zur Waffen-SS zu erzwingen. Eine ganze Reihe von gutmütigen Kameraden ist so in diese verbrecherische Gruppe hineingepreßt worden. Mit einigen anderen hatte ich das Glück, sagen zu können, daß ich die Absicht hege, katholischer Priester zu werden. Wir wurden mit Verhöhnungen und Beschimpfungen hinausgeschickt. Aber diese Beschimpfungen schmeckten großartig, denn sie befreiten uns von der Drohung dieser verlogenen »Freiwilligkeit« und von all ihren Folgen.

Zunächst wurden wir nach dem wohl in den dreißiger Jahren erfundenen Ritual ausgebildet, das auf eine Art von Kult des Spatens und Kult der Arbeit als erlösender Macht ausgerichtet war. Wir lernten umständlich mit militärischem Drill, den Spaten feierlich abzulegen, aufzunehmen, über die Schulter zu werfen; die Reinigung des Spatens, an dem kein Staubkorn haften durfte, gehörte zu den wesentlichen Elementen dieser Pseudo-Liturgie. Diese Scheinwelt brach von einem Tag auf den anderen zusammen, als im Oktober das benachbarte Ungarn, an dessen Grenze wir stationiert waren, vor den inzwischen tief ins Landesinnere vorgedrungenen Russen kapitulierte. Von fern her glaubten wir, das Getöse der Artillerie zu hören. Die Front näherte sich. Nun waren die Spatenrituale zu Ende; wir mußten Tag um Tag ausfahren, um einen sogenannten Südostwall zu errichten: Panzerhindernisse, Schützengräben, die wir quer durch die fruchtbaren Lehmböden der Weinberge des Burgenlandes zusammen mit einem riesigen Heer von angeblich freiwilligen Arbeitern aus allen Ländern Europas zu ziehen hatten. Wenn wir abends müde nach Hause kamen, hingen die Spaten, an denen ehedem kein Staubkorn hatte sein dürfen, nun mit großen Lehmbrocken an der Wand: Niemand fragte mehr danach. Gerade dieser Absturz vom Kultobjekt zum banalen Werkzeug des Alltags hat uns den tieferen Zusammenbruch spüren lassen, der hier im Gange war. Eine ganze Liturgie und die hinter ihr stehende Welt erwies sich als Lüge.

Es war üblich, daß Arbeitsdienstleute beim Herannahen der Front einfach ins Militär übernommen wurden. Damit rechneten wir. Aber zu unserem dankbaren Erstaunen kam es anders. Zuletzt waren auch die Arbeiten am Südostwall eingestellt worden, und wir wohnten ohne nähere Bestimmung in unserem Lager, in dem das Kommandogeschrei verstummt war, und eine seltsam dumpfe Stille herrschte. Am 20. November erhielten wir die Koffer mit unseren Zivilgewändern zurück und wurden in die Eisenbahn verfrachtet, die uns in einer immer wieder von Fliegeralarm unterbrochenen Fahrt nach Hause brachte. Wien, das im September von den Kriegsereignissen noch unberührt gewesen war, zeigte nun die Narben des Bombenkrieges. Noch stärker traf es mich, daß im geliebten Salzburg nicht nur der Bahnhof in Trümmern lag, sondern von ferne zu sehen war, daß auch das Glanzstück der Stadt – der große Renaissance-Dom – schwer getroffen war; wenn ich mich recht entsinne, war die Kuppel eingestürzt. Da der Zug der Bedrohung aus der Luft wegen in Traunstein durchfuhr, blieb nichts anderes, als abzuspringen. Es war ein traumhaft schöner Herbsttag. Ein wenig Reif lag auf den Bäumen; die Berge standen in der nachmittäglichen Sonne leuchtend da: Selten habe ich die Schönheit der Heimat so stark empfunden wie bei dieser Heimkehr aus einer von Ideologie und Haß entstellten Welt.

Wunderbarerweise lag noch keine Einberufung zum Militärdienst auf dem Tisch, wie ich es hatte erwarten müssen. Es waren mir fast drei Wochen äußerer und innerer Regeneration gegönnt. Dann wurden wir nach München gerufen und dort auf die verschiedenen Bestimmungsorte verteilt. Der zuständige Offizier stand offenbar dem Krieg und dem Hitlersystem sehr distanziert gegenüber. Er zeigte viel Verständnis für uns und suchte einem jeden das Beste, für ihn am meisten Zuträgliche zuzuteilen. So wies er mich in die Traunsteiner Infanterie-Kaserne ein und ermutigte mich mit väterlicher Güte, mir noch ein paar freie Tage zu Hause zu gönnen und die Sache ohne Eile anzugehen. Das Klima, das ich in der Kaserne antraf, unterschied sich in angenehmer Weise von demjenigen beim Arbeitsdienst. Zwar war der Kompanie-Chef ein Schreier und offenbar immer noch gläubig dem Nazismus ergeben. Aber unsere Ausbilder waren erfahrene Männer, die die Schrecken des Krieges an der Front erfahren hatten und uns die Sache nicht schwerer machen wollten, als sie ohnedies war. In gedrückter Stimmung feierten wir Weihnachten auf unserer Bude. Mit uns Jungen dienten im selben Trupp mehrere Familienväter, die auf das 40. Lebensjahr zugingen und die trotz gesundheitlicher Behinderungen nun im letzten Kriegsjahr noch zu den Waffen gerufen worden waren. Ihr Heimweh nach Frau und Kind griff mir ans Herz. Ohnehin war es schwer genug für sie, wie Schulbuben zusammen mit uns, den zwanzig Jahre Jüngeren, noch dem militärischen Drill ausgesetzt zu sein. Nach der Grundausbildung wurden wir seit Mitte Januar immer wieder in andere Standorte im Umkreis von Traunstein verlegt, wobei ich wegen einer Erkrankung seit Anfang Februar weitgehend dienstfrei gestellt war. Seltsamerweise wurden wir nicht an die immer mehr sich nähernde Front gerufen. Wir erhielten aber neue Uniformen und mußten mit Kriegsliedern auf den Lippen durch Traunstein marschieren, vielleicht um der Zivilbevölkerung zu zeigen, daß der »Führer« noch immer über junge und frisch ausgebildete Soldaten verfüge. Der Tod Hitlers verstärkte schließlich die Hoffnung auf ein baldiges Ende. Aber die gemächliche Art des amerikanischen Vormarsches ließ den Tag der Befreiung immer wieder auf sich warten.

Ende April oder Anfang Mai – ich weiß es nicht mehr genau – entschloß ich mich, nach Hause zu gehen. Ich wußte, daß die Stadt von Soldaten umstellt war, die den Befehl hatten, Fahnenflüchtige auf der Stelle zu erschießen. Deshalb benutzte ich einen wenig bekannten Nebenweg aus der Stadt heraus, in der Hoffnung, hier ungeschoren durchzukommen. Aber als ich aus einer Bahnunterführung heraustrat, standen da zwei Soldaten auf Posten, und für einen Augenblick war die Lage äußerst kritisch für mich. Es waren gottlob solche, die auch den Krieg satt hatten und nicht zu Mördern werden wollten. Sie mußten freilich einen Vorwand suchen, um mich laufenlassen zu können. Wegen einer Verletzung trug ich den Arm in der Schlinge. So sagten sie: »Kamerad, du bist verwundet. Geh weiter.« Auf diese Weise kam ich unversehrt nach Hause. Am Tisch saßen Schwestern aus dem Kloster der Englischen Fräulein, mit denen meine Schwester sehr verbunden war. Sie studierten eine Landkarte und versuchten herauszubringen, wann wohl endlich mit der Ankunft der Amerikaner zu rechnen sei. Als ich eintrat, meinten sie, die Anwesenheit eines Soldaten sei ein sicherer Schutz für das Haus – das Gegenteil war natürlich der Fall. Im Lauf der folgenden Tage wurde zunächst ein Wachtmeister der Luftwaffe bei uns einquartiert, ein sympathischer Berliner Katholik, der freilich seltsamerweise mit einer uns ganz unerfindlichen Logik noch immer an den Sieg des »Deutschen Reiches« glaubte. Mein Vater, der ausgiebig mit ihm darüber stritt, konnte ihn schließlich doch vom Gegenteil überzeugen. Dann wurden zwei SS-Leute in unserem Haus untergebracht, und nun wurde die Lage auf doppelte Art gefährlich. Ihnen konnte nicht entgehen, daß ich im Soldatenalter war, und sie fingen auch an, nach meiner Situation zu forschen. Es war bekannt, daß SS-Männer in der Umgebung schon mehrere Soldaten, die sich von ihrer Truppe entfernt hatten, auf Bäumen erhängt hatten. Außerdem konnte mein Vater es nicht lassen, sofort seine ganze Wut über Hitler ihnen ins Gesicht zu sagen, was normalerweise für ihn tödlich hätte enden müssen. Aber ein besonderer Engel schien uns zu schützen. Die zwei verschwanden am nächsten Tag, ohne Unheil angerichtet zu haben.

Endlich rückten die Amerikaner in unser Dorf ein. Obwohl unser Haus bar jeden Komforts war, erwählten sie es zu ihrem Hauptquartier. Ich wurde als Soldat identifiziert, mußte die schon beiseite geräumte Uniform wieder anziehen, die Hände erheben und mich in die größer werdende Schar von Kriegsgefangenen einreihen, die sie auf unserer Wiese aufstellten. Besonders die gute Mutter traf es ins Herz, ihren Buben und den Rest der geschlagenen Armee von schwer bewaffneten Amerikanern bewacht und gefangen mit ungewisser Bestimmung dastehen zu sehen. Wir hofften zwar auf schnelle Entlassung, aber Vater und Mutter steckten mir für den bevorstehenden Weg doch noch dies und jenes Nützliche zu, während ich selber ein großes leeres Heft und einen Bleistift in die Tasche schob – eine scheinbar sehr unpraktische Wahl, aber gerade dieses Heft ist mir zu einem wunderbaren Begleiter geworden, weil ich Tag um Tag Gedanken und Überlegungen aller Art hineinschreiben konnte; sogar in griechischen Hexametern habe ich mich versucht. In drei Tagemärschen wanderten wir auf der leeren Autobahn in einem allmählich endlos gewordenen Zug nach Bad Aibling. Die amerikanischen Soldaten fotografierten vor allem uns, die ganz Jungen, und die Alten, um sich Erinnerungen an die geschlagene Armee und ihren desolat gewordenen Personalstand mit nach Hause zu nehmen. Dann lagen wir zunächst ein paar Tage auf freiem Feld auf dem Militärflughafen von Bad Aibling, bis wir auf ein riesiges Ackergelände bei Ulm verfrachtet wurden, auf dem etwa 50 000 Gefangene untergebracht gewesen seien. Offenbar waren auch die Amerikaner mit diesen Größenordnungen überfordert. Bis zum Ende der Gefangenschaft lagen wir im Freien. Die Verpflegung bestand aus einem Schöpflöffel Suppe und ein wenig Brot pro Tag. Einzelne Glückliche hatten ein Zelt mitgebracht in die Gefangenschaft.

Als nach einer langen Schönwetterperiode Regen einsetzte, bildeten sich Zeltgemeinschaften, in denen man notdürftig vor den Unbilden des Wetters geschützt war. Vor uns, den Horizont begrenzend, stand der majestätische Bau des Ulmer Münsters, dessen Anblick mir Tag um Tag wie eine tröstliche Botschaft von der nicht untergegangenen Menschlichkeit des Glaubens wurde. Aber auch im Lager selbst erwuchsen immer mehr hilfreiche Initiativen. Einige Priester waren da, die nun jeden Tag im Freien die heilige Messe feierten, zu der sich eine nicht eben große, aber doch dankbare Schar von Teilnehmern zusammenfand. Theologiestudenten in höheren Semestern, aber auch Akademiker verschiedener Herkunft – Juristen, Kunsthistoriker, Philosophen – fanden sich zusammen, so daß sich ein ausgiebiges Vortragsprogramm entwickelte, das Gliederung in die leeren Tage brachte, Erkenntnis vermittelte und langsam Freundschaften über die Blöcke des Lagers hinweg entstehen ließ. Wir lebten ohne Uhr, ohne Kalender, ohne Zeitung; nur durch oft wunderlich verzerrte und verworrene Gerüchte drang etwas von dem Weltgeschehen in unsere vom Stacheldraht abgeschirmte Sonderwelt herein. Etwa ab Anfang Juni, wenn ich mich recht entsinne, begannen dann die Entlassungen, und jede Lücke, die in unseren Ansiedlungen entstand, war ein Hoffnungszeichen. Man ging nach Ständen vor: Die Landwirte zuerst, als letztes – weil am wenigsten nötig und hilfreich in dieser Lage – Schüler und Studenten. Nicht wenige Akademiker haben sich in dieser Situation (begreiflicherweise) zu Landwirten erklärt, und recht viele erinnerten sich an irgendeinen fernen Verwandten oder Bekannten im Bayernland, um dorthin entlassen zu werden, weil die amerikanische Zone am sichersten und hoffnungsreichsten erschien. Schließlich war es auch für mich so weit. Am 19. Juni 1945 hatte ich die verschiedenen Kontrollen und Untersuchungen zu passieren, bis ich überglücklich den Entlassungschein in Händen hielt, mit dem das Kriegsende nun auch für mich Wirklichkeit wurde.

Wir wurden von amerikanischen Lastwagen bis an die nördliche Stadtgrenze von München gebracht; dann mußte jeder selber sehen, wie er nach Hause kam. Ich tat mich mit einem jungen Mann aus Trostberg, also aus der Nähe von Traunstein, zusammen, um mich mit ihm auf den Weg zu machen. In drei Tagen hofften wir, die etwa 120 km zu schaffen, die uns von zu Hause trennten. Unterwegs dachten wir bei Bauersleuten übernachten zu können und einen Imbiß zu erhalten. Wir hatten Ottobrunn passiert, als uns ein mit Holzgas betriebener Lastwagen überholte, der Milch geladen hatte. Wir waren beide zu schüchtern, um ihn anzuhalten, aber der Fahrer blieb von sich aus stehen und fragte, wo wir denn hin wollten. Er lachte, als wir Traunstein als Ziel angaben, denn er gehörte zu einer Traunsteiner Molkerei und war auf dem Weg nach Hause. So kam ich unerwartet noch vor Sonnenuntergang in die Heimatstadt; das himmlische Jerusalem hätte mir in diesem Augenblick nicht schöner erscheinen können. Aus der Kirche hörte ich Beten und Singen, es war Abend des Herz-Jesu-Freitags. So wollte ich nicht stören, trat nicht ein, sondern eilte heim, so schnell ich konnte. Mein Vater konnte es kaum fassen, als ich plötzlich wieder lebendig vor ihm stand; Mutter und Schwester waren in der Kirche. Auf dem Heimweg erfuhren sie von Mädchen, daß sie mich hatten vorübereilen sehen. In meinem Leben habe ich keine Mahlzeit mehr so köstlich gefunden wie das einfache Mahl, das die Mutter mir aus den Früchten des eigenen Gartens bereitete.

Freilich – zur vollen Freude fehlte noch etwas. Seit Anfang April hatte es keine Nachricht von meinem Bruder mehr gegeben. So stand eine stille Sorge in unserem Haus. Um so glücklicher waren wir, als an einem heißen Julitag plötzlich Schritte vernehmlich wurden und der so lang Vermißte, braun gebrannt von der Sonne Italiens, plötzlich wieder in unserer Mitte stand und nun auf dem Klavier dankbar und erlöst das »Großer Gott, wir loben dich« intonierte. Die folgenden Monate der wiedergewonnenen Freiheit, die wir nun erst so recht zu schätzen lernten, gehören zu den schönsten Erinnerungen meines Lebens. Langsam sammelten sich die Versprengten wieder. Wir suchten uns gegenseitig, tauschten unsere Erinnerungen und unsere Pläne für das neue Leben aus. Mein Bruder und ich arbeiteten in dem durch sechs Jahre Lazarettzeit ziemlich heruntergekommenen Seminar mit anderen Heimkehrern nach Kräften daran mit, das Haus wieder für seinen eigentlichen Zweck brauchbar zu machen. Bücher gab es in dem verwüsteten und wirtschaftlich total daniederliegenden Deutschland nicht zu kaufen. Aber beim Pfarrer und im Seminar konnten wir doch einiges zu leihen bekommen und so versuchen, erste Schritte ins unbekannte Land der Philosophie und der Theologie zu tun. Mein Bruder gab sich leidenschaftlich der Musik hin, die sein besonderes Charisma ist. An Weihnachten konnten wir ein Klassentreffen arrangieren, viele waren gefallen, um so mehr waren wir, die Heimgekehrten, dankbar für die Gabe des Lebens und für die Hoffnung, die über allen Zerstörungen wieder aufgerichtet war.

Im Seminar zu Freising

Da das Freisinger Priesterseminar, der Ort unserer Bestimmung, als Lazarett für ausländische Kriegsgefangene diente, die nun dort auf ihre Heimkehr hin behandelt wurden, konnten seine Tore nicht schnell geöffnet werden. Eine erste kleine Gruppe der oberen Kurse hatte in den wenigen frei gewordenen Räumen im November 1945 einziehen können. An Weihnachten war es so weit, daß auch für die übrigen Anwärter mehr oder weniger notdürftig Platz geschaffen war, obwohl ein großer Teil des Hauses immer noch dem anderen Zwecke dienen mußte. Es war eine bunt gemischte Schar, die etwa 120 Seminaristen, die sich nun in Freising zusammenfanden, um sich auf den Weg zum Priestertum zu machen. Die Altersspanne reichte von fast Vierzigjährigen bis zu uns, ein paar Neunzehnjährigen herunter. Viele hatten den ganzen Krieg, fast alle einige Jahre Soldatendienst durchgemacht und waren durch Schrecknisse und Prüfungen hindurchgegangen, die ihr Leben zutiefst geprägt hatten. Verständlich, daß manche der alten Krieger auf uns Junge wie auf unreife Kinder herunterschauten, denen die zum priesterlichen Dienst nötigen Leiden fehlten und die nicht jene dunklen Nächte durchschritten hatten, in denen erst das Ja zum Priestertum seine volle Gestalt finden kann. Trotz des gewaltigen Unterschieds der Erfahrungen und der

Horizonte band uns alle eine große Dankbarkeit dafür zusammen, daß wir aus dem Abgrund der schweren Jahre hatten heimkehren dürfen. Diese Dankbarkeit schuf einen alle beherrschenden Willen, nun endlich das Versäumte nachzuholen und Christus in seiner Kirche zu dienen für eine neue, bessere Zeit; für ein besseres Deutschland, für eine bessere Welt. Niemand zweifelte, daß die Kirche der Ort unserer Hoffnungen war. Sie war trotz mancher menschlicher Schwachheiten der Gegenpol zu der zerstörerischen Ideologie der braunen Machthaber gewesen; sie war in dem Inferno, das die Mächtigen verschlungen hatte, stehengeblieben mit ihrer aus der Ewigkeit kommenden Kraft. Es hatte sich bewährt: Die Pforten der Hölle werden sie nicht überwältigen. Wir wußten nun aus eigener Anschauung, was das ist – »die Pforten der Hölle« –, und wir konnten auch mit unseren Augen sehen, daß das Haus auf dem Felsengrund gehalten hatte.

Dankbarkeit und Wille zum Aufbruch, zum Handeln in der Kirche und für die Welt, das waren die Gefühle, die das Haus prägten. Damit verband sich ein Hunger nach Erkenntnis, der in den Jahren der Dürftigkeit, der Ausgesetztheit an den geistfernen Moloch der Macht gewachsen war. Bücher waren – wie gesagt – eine Seltenheit in dem zerstörten und von der übrigen Welt abgeschnittenen Deutschland. Immerhin war in dem Seminar trotz der Bombenschäden, die es auch hier gegeben hatte, eine recht gute Handbibliothek erhalten geblieben, die sozusagen dem ersten Hunger Nahrung bot. Die Interessen waren vielfältig. Man wollte nicht nur Theologie in einem engen Sinn betreiben, sondern den Menschen von heute hören. Die Romane von Gertrud von Le Fort, Elisabeth Langgässer, Ernst Wiechert wurden verschlungen; Dostojewski gehörte zu den Autoren, die jeder las, und dazu die großen Franzosen: Claudel, Bernanos, Mauriac. Auch die neuen Entwicklungen der Naturwissenschaften wurden mit Interesse verfolgt. Man glaubte, sie seien mit dem Umbruch, den Planck, Heisenberg, Einstein gebracht hatten, wieder auf dem Weg zu Gott. Die antireligiöse Orientierung, die bei Haeckel ihren Höhepunkt erreicht hatte, war gebrochen, und das gab neuen Mut. Der Münchener Philosoph Aloys Wenzel, der selbst von der Physik her kam, schrieb eine viel gelesene »Philosophie der Freiheit«, in der er zu zeigen versuchte, daß das deterministische Weltbild der klassischen Physik, das Gott keinen Raum ließ, abgelöst sei durch ein offenes Weltbild, in dem es Raum gebe für das Neue, das nicht Vorherzusehende und nicht im voraus zu Berechnende. Im theologischen und philosophischen Bereich waren Romano Guardini, Josef Pieper, Theodor Häcker und Peter Wust die Autoren, deren Stimme uns am unmittelbarsten berührte.

Als eine wichtige Fügung erwies es sich, daß uns als Präfekt für unseren Studiersaal (Einzelzimmer gab es nicht) ein soeben aus englischer Kriegsgefangenschaft zurückgekehrter Theologe zugeteilt wurde: Alfred Läpple, der später als Religionspädagoge in Salzburg wirken und als einer der fruchtbarsten religiösen Schriftsteller unserer Zeit berühmt werden sollte. Er hatte schon vor dem Krieg bei dem Münchener Moraltheologen Theodor Steinbüchel die Arbeit an einer theologischen Dissertation über den Begriff des Gewissens bei Kardinal Newman begonnen und wurde mit seinen weit gespannten Kenntnissen in der Geschichte der Philosophie wie mit seiner Lust am Disput zu einem großen Anreger. Ich las die zwei Bände der philosophischen Grundlegung der Moraltheologie von Steinbüchel, die soeben in neuer Auflage erschienen waren, und fand darin vor allem eine treffliche Hinführung zum Denken von Heidegger und Jaspers wie auch zu den Philosophien von Nietzsche, Klages, Bergson. Fast noch wichtiger wurde mir Steinbüchels Buch »Der Umbruch des Denkens«: Wie man in der Physik eine Abkehr vom mechanistischen Weltbild und eine Wende zu neuer Offenheit für das Unbekannte und so auch für den bekannt Unbekannten, Gott, glaubte feststellen zu dürfen, so auch in der Philosophie eine neue Hinkehr zu der seit Kant unzugänglich gewordenen Metaphysik. Steinbüchel, der seinen Weg mit Studien über Hegel und über den Sozialismus begonnen hatte, stellte in dem erwähnten Buch den vor allem durch Ferdinand Ebner bewirkten Aufbruch zum Personalismus dar, der wohl auch ihm selber zu einer Wende seines geistigen Weges geworden war. Die Begegnung mit dem Personalismus, die wir dann bei dem großen jüdischen Denker Martin Buber mit neuer Überzeugungskraft durchgeführt fanden, ist für mich zu einem wesentlich prägenden geistigen Erlebnis geworden, wobei sich mir dieser Personalismus wie von selbst mit dem Denken Augustins verband, das mir in den »Bekenntnissen« mit seiner ganzen menschlichen Leidenschaft und Tiefe begegnete.

Ich hatte dagegen eher Schwierigkeiten, den Zugang zu Thomas von Aquin zu finden, dessen kristallene Logik mir gar zu fest in sich geschlossen, zu unpersönlich und zu fertig erschien. Das mag auch daran gelegen haben, daß der Philosoph unserer Hochschule, Arnold Wilmsen, uns einen rigiden neuscholastischen Thomismus vortrug. Dabei war Wilmsen an sich ein interessanter Mann: Er war Arbeiter im Ruhrgebiet gewesen. Der Drang nach Erkenntnis hatte ihn dazu gebracht, sich das Geld für ein Studium der Philosophie zu ersparen. Bei seinen Münchener Lehrern hatte ihn die neue, von Husserl ausgehende Phänomenologie beeindruckt, aber doch nicht befriedigt. So war er nach Rom gegangen und hatte in der dort gelehrten thomistischen Philosophie gefunden, was er gesucht hatte. Seine Begeisterung und seine tiefe Überzeugung beeindruckten, aber nun schien er selbst kein Fragender mehr zu sein, sondern nur noch mit Leidenschaft das Gefundene gegen alle Fragen zu verteidigen. Wir aber waren als junge Menschen nun einmal Fragende. Hilfreicher war dagegen ein viersemestriges Kolleg des noch jungen Dozenten Jakob Fellermeier über Geschichte der Philosophie, das uns einen umfassenden Durchblick durch das geistige Ringen von Sokrates und den Vorsokratikern bis zur Gegenwart vermittelte und so eine Grundlage schenkte, für die ich heute noch dankbar bin.

Das Studium wurde, wie gesagt, durch den gemeinsamen Hunger nach Erkenntnis beflügelt. Aber es erhielt auch seinen rechten menschlichen Raum durch die Atmosphäre familiärer Gemeinsamkeit, die im Seminar bei allen Unterschieden von Alter und geistiger Herkunft herrschte. Viel dazu beigetragen hat unser damaliger Regens Michael Höck, der fünf Jahre lang im Konzentrationslager Dachau gesessen hatte und sich durch seine gemütvolle und herzliche Art bald den Zunamen »der Vater« erwarb. Im Haus wurde auch viel musiziert und bei festlichen Anlässen Theater gespielt. Vor allem aber bleiben kostbare Erinnerungen die großen liturgischen Feste im Dom wie auch das stille Beten in der Hauskapelle. Die große Gestalt des greisen Kardinals Faulhaber hat mich tief beeindruckt. Man spürte förmlich die Last der Leiden, die er in der Nazi-Zeit getragen hatte und die ihn nun mit einer unsichtbaren Würde umgab. Wir suchten in ihm nicht einen »Bischof zum Anfassen«; mich berührte vielmehr die ehrfurchtgebietende Größe seines Auftrags, mit dem er ganz eins geworden war.

Studium der Theologie in München

Im Sommersemester 1947 ging das zweijährige Studium der Philosophie zu Ende, das der damalige Lehrplan vorsah, und nun war eine neue Entscheidung zu fällen. Um das zu erklären, muß ich ein wenig weiter ausholen. In Bayern gab es damals zwei Theologische Fakultäten an den Staatsuniversitäten: in München und in Würzburg. In Eichstätt gab es ein tridentinisches Seminar im strengen Sinn des Wortes, das heißt ein Priesterseminar mit einem eigenen, allein dem Bischof unterstehenden Professorenkörper, der für die theologische Ausbildung verantwortlich war. In fünf Diözesen – darunter München-Freising – gab es je ein bischöfliches Priesterseminar, dem eine staatliche Theologische Hochschule zugeordnet war. Der Sitz des Priesterseminars und der Hochschule unserer Diözese war Freising. Die Münchener Theologische Fakultät diente also nicht der Priesterausbildung einer einzelnen Diözese. Es gab daher in München auch kein diözesanes Priesterseminar, sondern das sogenannte Herzogliche Georgianum, das 1494 von Herzog Georg dem Reichen in Ingolstadt für Priesterkandidaten aus ganz Bayern gestiftet worden war. Diese Einrichtung ist mit der Universität Ingolstadt zuerst nach Landshut, dann nach München gewandert. Nach dem Entstehen der Diözesanseminare war es ihr Sinn geworden, Theologen Aufnahme zu bieten, die an der Universität studieren wollten und dazu die Genehmigung ihres Bischofs erhielten. Mit zwei anderen Mitstudenten meines Jahrgangs entschied ich mich, die Bitte an den Bischof zu richten, mir das Studium in München zu gestatten, was auch geschah. Ich hoffte, durch die Arbeit an der Universität noch intensiver in die geistigen Auseinandersetzungen der Gegenwart eindringen und eventuell auch eines Tages mich selbst ganz der wissenschaftlichen Theologie zuwenden zu können.

Da wegen des Mangels an Brennstoff ein regelrechtes Wintersemester nicht durchzuführen war, begann das akademische Jahr 1947/48 bereits am 1. September; dafür wurden wir von Weihnachten bis Ostern, also gut dreieinhalb Monate, in Ferien entlassen. So trafen wir zu den geistlichen Übungen, die dem akademischen Jahr vorausgingen, bereits Ende August in München ein. Die Universität lag noch weitgehend in Trümmern. Auch die Bibliothek war noch größtenteils unzugänglich. Die Theologische Fakultät hatte ein Ausweichquartier im ehemaligen königlichen Jagdschloß Fürstenried südlich von München gefunden. Dort hatte der unglückliche König Otto die Jahrzehnte seines Wahnsinns bis in den Ersten Weltkrieg hinein verbracht. Nach dem Ende der Monarchie hatte die Erzdiözese das Schlößchen erworben und dort ein Exerzitienhaus eingerichtet. In der notvollen Zeit der zwanziger Jahre hatte man zwei bescheidene Zubauten aufgeführt, in denen ein Seminar für Spätberufene eingerichtet wurde. In diesen beiden Bauten waren nun sowohl die Theologische Fakultät wie das Georgianum untergebracht. Es herrschte drangvolle Enge: In ein und demselben Haus wohnten zwei Professoren, befanden sich das Sekretariat der Fakultät und ihr Sitzungszimmer, dazu die Seminarbibliotheken für Pastoraltheologie,

Kirchengeschichte und Exegese des Alten sowie des Neuen Testaments und unsere Studier- und Schlafräume. Bei dieser Enge mußte man doppelstöckige Betten verwenden. Als ich am ersten Morgen, noch schlaftrunken, meine Augen auftat, glaubte ich einen Augenblick, es sei wieder Krieg und ich sei wieder in unsere Flak-Batterie zurückversetzt. Auch die Verpflegung war karg, weil man nicht wie in Freising auf einen eigenen Bauernhof zurückgreifen konnte. Im Schloß selber waren ein kleines Lazarett, gleichfalls für ausländische Verwundete, sowie das Exerzitienhaus untergebracht. Wunderbar war es, daß uns der schöne Schloßpark zur Verfügung stand, der in einen auf französische Manier angelegten Teil und einen nach englischer Weise gestalteten Garten geteilt war. Durch diesen Park bin ich immer wieder mit vielerlei Gedanken gewandert; in ihm sind die Entscheidungen jener Jahre gereift, und in ihm habe ich die Erkenntnisse zu durchdenken und in eigene Einsicht umzuwandeln versucht, die uns in den Vorlesungen zugekommen waren. Das Klima im Haus war spröder als in Freising. Es gab die spontane Herzlichkeit nicht, die dort herrschte. Dafür war wohl die Zusammensetzung der Insassen zu heterogen: Da wohnten Studenten aus ganz Deutschland, besonders auch aus dem Norden unseres Vaterlandes, dazu Doktoranden, die schon weit in ihrer Arbeit fortgeschritten waren. Das intellektuelle Interesse dominierte und schuf einen gewissen Individualismus, während in Freising der gemeinsame Wille, bald in der Seelsorge zu wirken, uns alle viel unmittelbarer untereinander verbunden hatte. Der Akzent auf den Vorlesungen war stärker, und von ihnen her formte sich der Raum gemeinsamer Interessen, der Austausch von Fragen und Antworten.

Den Vorlesungen unserer großen akademischen Lehrer

sah ich mit brennender Spannung entgegen. Freilich – der Ort der Handlung war eigenartig. Da kein Hörsaal zur Verfügung stand, mußten die Vorlesungen im Gewächshaus des Schloßgartens stattfinden, in dem uns zunächst glühende Hitze empfing, die im Winter durch entsprechende Kälte wieder wettgemacht wurde. Aber solche Äußerlichkeiten störten uns damals kaum. Noch muß ich einschieben, daß die Theologische Fakultät München 1938 von den Nazis aufgehoben worden war, weil Kardinal Faulhaber seine Zustimmung für einen als Hitler-Anhänger bekannten Professor verweigert hatte, den die Machthaber auf den Lehrstuhl für Kirchenrecht berufen hatten. Angesichts solcher außerwissenschaftlicher Einmischung sei die Freiheit der Wissenschaft nicht mehr gegeben, verlautete nun aus dem Nazi-Ministerium; unter diesen Umständen könne in München die Theologische Fakultät nicht fortgeführt werden.

So mußte man nach dem Krieg die Fakultät ganz neu aufbauen. Man konnte da zunächst auf den Lehrkörper zweier Fakultäten – Breslau (Schlesien) und Braunsberg (Ostpreußen) – zurückgreifen, die durch die polnische Besetzung der Länder östlich der Oder-Neiße-Grenze und die Ausweisung der Deutschen zu bestehen aufgehört hatten. Aus Breslau kamen die Professoren für Altes und Neues Testament (Stummer und Maier) sowie für Kirchengeschichte (Seppelt); aus Braunsberg der Moraltheologe Egenter (ein Passauer Priester) und der Fundamentaltheologe Gottlieb Söhngen, der als geborener Kölner das rheinische Temperament aufs glücklichste verkörperte. Aus Münster kam Michael Schmaus, ein Priester der Erzdiözese München, der durch sein neuartiges Lehrbuch der Dogmatik weit über Deutschland hinaus bekanntgeworden war: Er hatte das neuscholastische Schema verabschiedet und eine lebendige

Darstellung der katholischen Glaubenslehre aus dem Geist der Liturgischen Bewegung und der neuen Zuwendung zu Schrift und Vätern heraus geschrieben, die in den Jahren nach dem Ersten Weltkrieg gewachsen war. Schmaus brachte noch zwei andere bedeutende Gelehrte aus Münster mit: den Pastoraltheologen Josef Pascher, der schon vor dem Krieg kurze Zeit an der Münchener Fakultät gewirkt hatte, und den jungen Professor für Kirchenrecht Klaus Mörsdorf, der mit Nachdruck Kirchenrecht als theologische Disziplin betrieb, Kirchenrecht also nicht am Rand der Theologie, sondern in ihrer Mitte ansiedelte und es von der Inkarnation her verstehen wollte – als logische Folge der Menschwerdung des Wortes, das sich damit auch in die Notwendigkeit institutioneller und rechtlicher Formen eingelassen hatte. Pascher hatte einen interessanten geistigen Weg durchschritten: Er hatte zunächst Mathematik studiert, auch orientalische Sprachen gelernt, dann sich auf Pädagogik und Religionswissenschaft eingelassen, die Mystik Philons von Alexandrien untersucht, um schließlich auf dem Weg über die Pastoraltheologie zur Liturgik hinzufinden, die in den Münchener Jahren sein eigentliches Arbeitsgebiet wurde. Als Direktor des Georgianums war er für unsere menschliche und priesterliche Formung verantwortlich; er hat diese Aufgabe ganz aus dem Geist der Liturgie heraus wahrgenommen und uns alle auf unserem spirituellen Weg wesentlich geprägt. Gerade die drei verschiedenen Herkünfte unserer akademischen Lehrer haben der Fakultät eine große geistige Spannweite und einen inneren Reichtum gegeben, der Studenten aus allen Teilen Deutschlands anzog.

Der Star der Fakultät war damals ganz unbestritten Friedrich Wilhelm Maier, der Professor für die Auslegung des Neuen Testaments. Auch er hatte einen ungewöhnlichen Lebensweg hinter sich. Er hatte sich als junger Mann an der damals zum Deutschen Reich gehörenden Universität zu Straßburg habilitiert (an der übrigens zu dieser Zeit, vor 1911, Michael Faulhaber Professor für Altes Testament war). Als brillanter junger Gelehrter hatte er für einen im Entstehen begriffenen Bibelkommentar die Auslegung der synoptischen Evangelien zu schreiben unternommen und darin mit Elan die heute fast allgemein angenommene Zwei-Quellen-Theorie vertreten, wonach Markus und eine nicht mehr vorhandene Sammlung der Reden Jesu (die Quelle »Q«) die Grundlagen der drei synoptischen Evangelien bildeten, also Markus Quelle für die demgemäß jüngeren Evangelien nach Matthäus und Lukas sei. Das widersprach jener alten, bis ins zweite Jahrhundert hinauf nachweisbaren Tradition, die in Matthäus das älteste Evangelium sieht, das der Apostel selbst »in hebräischem Dialekt« geschrieben habe. So geriet Maier in den damals mit aller Heftigkeit geführten Modernismusstreit hinein, dessen Schwerpunkt gerade die Frage nach den Evangelien bildete. Der französische Gelehrte Loisy hatte die Glaubwürdigkeit der Evangelien nahezu vollständig bestritten. Die Theorien der liberalen Exegese mußten als Bedrohung der wesentlichen Grundlagen des Glaubens selbst erscheinen – ein Problem, das auch heute noch keineswegs ausgetragen ist. Maiers These wurde als eine Art Kapitulation vor dem Liberalismus angesehen; er mußte aus der akademischen Lehrtätigkeit ausscheiden. Mehr als einmal hat er das »Recedat a cathedra« (er muß auf den Lehrstuhl verzichten) zitiert, das von Rom aus über ihn verfügt wurde. So wurde er zunächst Militärseelsorger und hatte in dieser Eigenschaft den Ersten Weltkrieg mitgemacht. Hernach wurde er

Seelsorger in einem Zuchthaus, an dessen Insassen er durchaus positive Erinnerungen bewahrte. In dem veränderten Klima der zwanziger Jahre konnte er schließlich in die akademische Welt zurückkehren: Er wurde 1924 nach Breslau als Lehrer des Neuen Testaments gerufen und hat dort wie später in München schnell die Herzen seiner Hörer gewonnen. Das Trauma seiner Absetzung hat er freilich nie ganz verwinden können. Gegenüber Rom empfand er eine gewisse Bitterkeit, die sich übrigens auch auf den Münchener Erzbischof erstreckte, der ihm wohl seinem Empfinden nach zu wenig kollegial entgegenkam. Trotz dieser Vorbehalte war Maier ein tiefgläubiger Mann und ein Priester, der sich Sorge machte um die priesterliche Gesinnung der jungen Menschen, die ihm anvertraut waren.

Seine Vorlesung war die einzige, in der das Gewächshaus zu klein wurde, man mußte frühzeitig kommen, um noch einen Platz zu ergattern. Dabei gehörte Maier in vieler Hinsicht einer schon versunkenen Welt zu. Er pflegte noch die große Rhetorik der Jahrhundertwende, die ich am Anfang beeindruckend, dann aber immer mehr doch ein wenig künstlich und überzogen fand. Auch sein exegetischer Ansatz war der der liberalen Epoche geblieben. Er hatte zwar mit einem bewundernswerten Fleiß alles gelesen und auch eingearbeitet, was inzwischen erschienen war, aber letzten Endes war die Wende, die Bultmann und Barth auf je verschiedene Weise für die Exegese gebracht hatten, doch an ihm vorübergegangen. Wenn ich zurückschaue, möchte ich sagen, daß er eigentlich ein Musterbeispiel für jene Orientierung bildete, die Romano Guardini an seinen Tübinger Lehrern erlebt und als einen durch das Dogma beschränkten Liberalismus gekennzeichnet hat. Das ist gegenüber der neuen Orientierung, die Guardini vielleicht als erster mitten im Modernismus-Drama erarbeitet hat, gewiß eine unzureichende Position: Das Dogma wird nicht als gebende Kraft, sondern nur als Fessel, als Negation und als Grenze in der Konstruktion der Theologie wirksam.

Aber aus der Distanz von nun fast fünfzig Jahren kann ich durchaus und von neuem auch das Positive sehen: Das unbefangene Fragen aus den Horizonten der liberal-historischen Methode heraus schuf eine neue Direktheit zu den heiligen Schriften und legte Dimensionen des Textes frei, die in der allzu festgefügten Lektüre vom Dogma her nicht mehr wahrgenommen wurden. Die Bibel sprach mit einer neuen Unmittelbarkeit und Frische zu uns. Was aber an der liberalen Methode Willkür war und die Bibel verflachte (denken wir an Harnack und seine Schule), wurde durch den Gehorsam gegen das Dogma abgefangen. Gerade die Balance zwischen Liberalismus und Dogma hatte ihre eigene Fruchtbarkeit. So habe ich die sechs Semester meiner theologischen Studien hindurch alle Vorlesungen Maiers mit großer Aufmerksamkeit gehört und verarbeitet. Exegese ist für mich immer Zentrum meiner theologischen Arbeit geblieben. Maier ist es zu danken, daß bei uns wirklich die Heilige Schrift »Seele unseres theologischen Studiums« war, wie das II. Vatikanum es fordert. Auch wenn ich die Schwächen von Maiers Ansatz allmählich stärker empfunden habe, der die ganze Tiefe der Christusgestalt nicht zu sehen vermag, so bleibt für mich das bei ihm Gehörte und methodisch Gelernte grundlegend.

Gegenüber der markanten Gestalt von Maier war der Vertreter des Alten Testaments, Friedrich Stummer, ein stiller und zurückhaltender Mann, dessen Stärke in der streng historischen und philologischen Arbeit lag, während er die theologischen Linien nur mit großer Behutsamkeit andeutete. Ich habe aber gerade diese seine behutsame Art sehr geschätzt und außer an seinen Vorlesungen eifrig auch an seinen Seminaren teilgenommen. So ist mir das Alte Testament kostbar geworden und nahe gekommen. Ich habe immer mehr verstanden, daß das Neue Testament nicht ein anderes Buch einer anderen Religion ist, die sich aus irgendeinem Grund auch noch die heiligen Schriften der Juden als eine Art Vorbau zugeeignet hätte. Das Neue Testament ist nichts anderes als eine von der Geschichte Jesu her gefundene beziehungsweise in ihr selbst enthaltene Deutung von »Gesetz, Propheten und Schriften«, die zur Zeit Jesu noch nicht zu einem endgültigen Kanon zusammengewachsen waren, sondern noch offen standen und sich so den Jüngern Jesu von selbst als Zeugnis für ihn darboten, als die heiligen Schriften, die sein Geheimnis offenbarten. Schließlich bin ich zu der Einsicht gekommen, daß das Judentum (das im strengen Sinn erst mit dem Ende der Kanon-Bildung, also im ersten Jahrhundert nach Christus beginnt) und der im Neuen Testament umschriebene christliche Glaube zwei Weisen der Aneignung der Schriften Israels sind, die beide letzten Endes von der Stellungnahme zur Gestalt Jesu von Nazareth her bestimmt werden. Die Schrift, die wir heute Altes Testament nennen, steht von sich aus auf beide Wege hin offen. Daß freilich auch die jüdische Auslegung in der Zeit »nach Christus« eine eigene theologische Sendung besitzt, haben wir im Grund erst nach dem Zweiten Weltkrieg zu verstehen begonnen.

Zurück ins Jahr 1947: Auch für uns theologische Anfänger wurde bald erkennbar, daß sich die Breslauer Gruppe nicht nur vom Lebensalter her von den aus Münster und Braunsberg gekommenen Professoren unterschied (alle Breslauer Gelehrten waren über sechzig), sondern auch eine andere theologische Epoche verkörperte. Die beiden Exegeten und (mit weniger deutlichem Profil) der Kirchenhistoriker verkörperten im guten Sinn die liberale Ära. Besonders die Münsteraner Trias, aber auch die beiden aus Braunsberg gekommenen akademischen Lehrer waren von der theologischen Wende geprägt, die mit der generellen Bewußtseinswende nach dem Ersten Weltkrieg stattgefunden hatte. Der Erste Weltkrieg mit seinem Millionenheer von Toten, mit allen Schrecknissen, die die Technik als Kriegsinstrument ermöglicht hatte, war als der Zusammenbruch des liberalen Fortschrittsdogmas und so der liberalen Weltanschauung überhaupt erfahren worden. Es war gerade mit Hilfe der modernen Errungenschaften zu Zerstörungen des Menschen und seiner Würde gekommen, die vordem gar nicht möglich gewesen waren. Unter dem Schock dieser Erfahrung kam es zu einer neuen Zuwendung zu dem, was vorher als schon überwunden gegolten hatte: zur Kirche, zur Liturgie, zum Sakrament, und dies nicht nur im katholischen Raum, sondern gerade auch in der protestantischen Welt. Karl Barths »Römerbrief« wurde zur Kampfansage an den Liberalismus und zur Programmschrift einer neuen, bewußt kirchlichen Theologie. Nicht umsonst hat er seine große Dogmatik als »kirchliche Dogmatik« in die Welt gehen lassen. Die Jugendbewegung, die sich nun formierte, war zugleich Träger einer neuen Entdeckung der Liturgie. Im Zeichen dieser Besinnung kam es auch zu einer neuen Annäherung der Konfessionen, zu leidenschaftlicher Suche nach der »Una sancta«. Schmaus hatte seine Dogmatik aus diesem Geist geschrieben. Egenter, der Moraltheologe, vertrat neben anderen – mit Fritz Tillmann und Theodor Steinbüchel an der Spitze – die Tendenz, eine neue Gestalt der Moraltheologie zu suchen, die sich von der Kasuistik weit-

gehend trennen und die Dominanz des Naturbegriffs überwinden wollte, um ganz vom Gedanken der Nachfolge
Christi her gedacht zu werden.

Am meisten prägend wurden für mich aber – neben den
Exegeten – Söhngen und Pascher. Söhngen hatte ursprüng-
lich nur Philosoph sein wollen und hatte seinen Weg mit
einer Dissertation über Kant begonnen. Er gehörte jener
dynamischen Strömung des Thomismus zu, die vom Aqui-
naten die Leidenschaft für die Wahrheit und die Entschie-
denheit des Fragens nach Grund und Ziel alles Wirklichen
übernahm, aber dies bewußt in den Zusammenhang des
heutigen philosophischen Fragens stellte. Husserl hatte ja
mit seiner Phänomenologie wenigstens einen Türspalt für
die Metaphysik wieder geöffnet, der nun von anderen weit
aufgerissen wurde, wenn auch in ganz unterschiedlicher
Weise. Heidegger fragte nach dem Sein, Scheler nach den
Werten, Nikolai Hartmann versuchte, eine Metaphysik in
streng aristotelischem Geist zu entwickeln. Durch äußere
Umstände war Söhngen dann auf die Theologie verwiesen
worden. Er, der aus einer Mischehe stammte und von der
ökumenischen Frage seiner eigenen Herkunft wegen umge-
trieben wurde, nahm den Disput mit Karl Barth und Emil
Brunner aus Zürich auf. Er stieg aber auch in die vom Laa-
cher Benediktiner Odo Casel begründete Mysterientheolo-
gie mit großer Kompetenz ein. Diese Theologie war unmittelbar aus der Liturgischen Bewegung herausgewachsen,
aber mit ihr stellte sich die Grundfrage nach dem Verhältnis
von Rationalität und Geheimnis, nach dem Ort des Plato-
nischen und Philosophischen im Christentum, überhaupt
nach dem eigentlich Christlichen in neuer Schärfe. Kenn-
zeichnend für Söhngen war aber vor allem, daß er immer
von den Quellen selbst her dachte – anfangend bei Aristo-

Vorlesung von Prof. Dr. Gottlieb Söhngen
in der Universität München
(Winter-Semester 1949/1950)

teles und Platon über Clemens von Alexandrien und Augustinus hin zu Anselm, Bonaventura und Thomas, zu Luther und schließlich zu den Tübinger Theologen des vorigen Jahrhunderts; auch Pascal und Newman gehörten zu seinen Lieblingsautoren. Besonders beeindruckt hat mich an ihm, daß er sich nie mit einer Art von theologischem Positivismus begnügte, wie er in anderen Fächern gelegentlich zu spüren war, sondern mit großem Ernst die Frage nach der Wahrheit und so auch die Frage nach der Gegenwart des Geglaubten stellte.

Der Pastoraltheologe Pascher, der – wie gesagt – auch Direktor unseres Georgianums war, hat uns durch seine lebendigen geistlichen Vorträge, in denen er aus reicher spiritueller Erfahrung ganz persönlich und ohne alle Schablonen zu uns redete, oft ins Herz getroffen. In seinem Erziehungssystem war alles auf die täglich gefeierte heilige Messe aufgebaut. Ihr Wesen und ihre Struktur hat er uns in einer großen Vorlesung im Sommer 1948 erschlossen, die unter dem Titel »Eucharistia« bereits 1947 als Buch erschienen war. Ich war bisher der Liturgischen Bewegung mit einer gewissen Reserve gegenübergestanden. Bei vielen ihrer Vertreter spürte ich einen einseitigen Rationalismus und Historismus, der allzusehr auf die Form und auf die historische Ursprünglichkeit bedacht war und den Werten des Gemüts gegenüber, die uns Kirche als das Daheimsein der Seele erfahren lassen, eine merkwürdige Kälte spüren ließ. Gewiß, der Schott war mir kostbar, ja, unersetzlich; der Zugang zur Liturgie und ihrer wesensgemäßen Feier, den er gebahnt hatte, war für mich das unbestreitbare Positive an der Liturgischen Bewegung. Aber die gewisse Engherzigkeit vieler ihrer Anhänger, die nur **eine** Form gelten lassen wollten, störte mich.

Durch Paschers Vorlesungen und durch die ehrfürchtige Art, in der er uns Liturgie von ihrer Wesensgestalt her zu feiern lehrte, bin ich Anhänger der Liturgischen Bewegung geworden: So wie ich das Neue Testament als die Seele aller Theologie verstehen lernte, so begriff ich Liturgie als ihren Lebensgrund, ohne den sie verdorren muß. Deswegen habe ich zu Beginn des Konzils den Entwurf der Liturgie-Konstitution, der alle wesentlichen Erkenntnisse der Liturgischen Bewegung aufnahm, als einen großartigen Ausgangspunkt für die Kirchenversammlung angesehen und Kardinal Frings in diesem Sinn beraten. Daß die negativen Seiten der Liturgischen Bewegung hernach verstärkt wiederkehren und geradezu auf die Selbstzerstörung der Liturgie hindrängen würden, habe ich nicht vorauszusehen vermocht.

Wenn ich auf die spannenden Jahre meines Theologiestudiums zurückschaue, kann ich mich nur wundern über all das, was heute über die »vorkonziliare« Kirche behauptet wird. Wir alle lebten in einem wohl schon in den zwanziger Jahren aufgekommenen Gefühl des Aufbruchs, einer mit neuem Mut fragenden Theologie und einer Spiritualität, die Veraltetes und Verstaubtes abtat, um zu neuer Freude der Erlösung zu führen. Das Dogma wurde nicht als äußere Fessel, sondern als die lebendige Quelle verstanden, die überhaupt Erkenntnis ermöglichte. Kirche war für uns vor allem lebendig in der Liturgie und im großen Reichtum der theologischen Überlieferung. Den Anspruch des Zölibats haben wir nicht leichtgenommen, aber wir waren doch überzeugt, daß wir der säkularen Erfahrung der Kirche trauen durften und daß der bis ins Innerste dringende Verzicht, den sie uns auflegte, fruchtbar sein würde. Während im katholischen Deutschland damals im allgemeinen freudige Zustimmung zum Papsttum und eine ungeheuchelte Verehrung für die große Gestalt Pius' XII. bestand, war da das Klima an der Theologischen Fakultät um einiges kühler. Die Theologie, die wir lernten, war weitgehend vom historischen Denken her geprägt, so daß der mehr aus der neuscholastischen Tradition rührende Stil der römischen Verlautbarungen fremd wirkte. Vielleicht hat doch der deutsche Hochmut auch ein wenig mitgewirkt, daß wir es besser zu wissen glaubten als die »da unten«. Auch die Erfahrungen unseres verehrten Lehrers Maier ließen uns an der Angemessenheit mancher römischen Entscheidung zweifeln, zumal inzwischen die damals verworfene Zwei-Quellen-Theorie gang und gäbe geworden war. Aber solche Vorbehalte und Affekte beeinträchtigten keinen Augenblick die tiefe Glaubenszustimmung zum Primat in der Form, wie ihn das I. Vatikanum definiert hatte.

Ich möchte in diesem Zusammenhang eine kleine Episode berichten, die die Situation – wie mir scheint – sehr gut beleuchten kann. Als die Dogmatisierung der leiblichen Aufnahme Mariens in den Himmel bevorstand, wurden auch die Theologischen Fakultäten in aller Welt um ihr Urteil befragt. Die Antwort unserer Lehrer war streng negativ. Hier kam nun auch die Einseitigkeit des nicht nur historischen, sondern historistischen Denkansatzes zum Vorschein. Tradition wurde mit dem in Texten Belegbaren identifiziert. Der Würzburger Patrologe Altaner (auch er aus Breslau gekommen) hatte wissenschaftlich zwingend nachgewiesen, daß die Lehre von der leiblichen Aufnahme Mariens in den Himmel vor dem fünften Jahrhundert unbekannt war: Also konnte sie nicht der »apostolischen Überlieferung« zugehören – das war seine von den Münchener Lehrern geteilte Schlußfolgerung. Dieses Argument ist zwingend, wenn man Überlieferung streng als Weitergabe fixierter Inhalte und Texte versteht. Das war die Position, die unsere Lehrer vertraten. Wenn man Überlieferung aber als den lebendigen Prozeß begreift, in dem der Heilige Geist uns einführt in die ganze Wahrheit und uns verstehen lehrt, was wir vorher noch nicht zu fassen vermochten (vgl. Joh 16,12f.), dann kann das spätere »Erinnern« (vgl. z.B. Joh 16,4) erkennen, was vorher nicht ansichtig geworden und doch schon im ursprünglichen Wort übergeben war. Aber eine solche Sicht war im deutschen theologischen Denken noch ganz unzugänglich. In dem ökumenischen Gesprächskreis, an dessen Spitze der Paderborner Erzbischof Jäger und der lutherische Bischof Stählin standen (der spätere Einheitsrat ist weitgehend von diesem Kreis her entstanden), äußerte sich Gottlieb Söhngen etwa im Jahr 1949 leidenschaftlich gegen die Möglichkeit des Dogmas. Daraufhin fragte ihn der evangelische Heidelberger Systematiker Edmund Schlink ganz direkt: Was werden Sie aber tun, wenn das Dogma doch kommt? Müssen Sie dann nicht der katholischen Kirche den Rücken kehren? Söhngen antwortete nach einem Augenblick der Besinnung: Wenn das Dogma kommt, dann werde ich mich daran erinnern, daß die Kirche weiser ist als ich, und ihr mehr vertrauen als meiner eigenen Gelehrtheit. Ich glaube, daß diese kleine Szene alles sagt über den Geist, in dem hier kritisch und gläubig Theologie betrieben wurde.

Im Herbst 1949 war schließlich ein Flügel des Georgianums in der Münchener Ludwig-Straße wieder halbwegs bewohnbar gemacht, und auch die Zahl der verfügbaren Hörsäle in der gegenüberliegenden Universität so weit vermehrt, daß wir in die Stadt zurückkehren konnten. Daß noch viel zu tun war, sahen wir bald: Der Zugang zu unseren Räumen im dritten Stock führte noch durchs Freie und anfangs über eine Leiter. Nun war es endlich möglich, auch an Vorlesungen anderer Fakultäten teilzunehmen, obgleich die herannahenden Schlußprüfungen solchen Absichten alsbald Grenzen auferlegten. Der Gewinn des Wohnens in der Stadt und der Arbeit im ganzen der Universität war unverkennbar, freilich empfand ich auch die Verlustseite recht deutlich: In Fürstenried hatten wir alle, Lehrer und Lernende, Seminaristen wie Studenten und Studentinnen aus der Stadt, wie eine große Familie miteinander gelebt. Diese Unmittelbarkeit und diese Nähe fehlten nun. So bleiben mir die Fürstenrieder Jahre als Zeit eines großen Aufbruchs voller Hoffnung und Zuversicht wie auch als Zeit großer erlittener Entscheidungen im Gedächtnis. Wenn ich gelegentlich den unverändert gebliebenen Park wieder betrete, dann sind mir seine äußeren Wege mit den inneren, die ich dort gegangen bin, so ineinander verwachsen, daß alles Damalige in frischer Gegenwart wieder vor mir steht.

Priesterweihe – Seelsorge – Promotion

Nach dem Schlußexamen der Theologie im Sommer 1950 ergab sich ein unerwarteter Auftrag, der wieder eine entscheidende Weichenstellung für mein ganzes Leben mit sich brachte. In der Theologischen Fakultät war es üblich, daß jedes Jahr eine Preisaufgabe gestellt wurde, die innerhalb von neun Monaten bearbeitet und anonym unter einem Kennspruch eingereicht werden mußte. Wurde einer Arbeit der Preis zuerkannt (der in einer sehr geringen Geldgabe bestand), so war sie dadurch automatisch auch als Dissertation mit dem Prädikat Summa cum laude angenommen; dem Gewinner stand also die Tür zur Promotion offen. Jedes Jahr hatte ein anderer Professor die Aufgabe zu stellen, so daß der Reihe nach die einzelnen theologischen Disziplinen zum Zug kamen. Gottlieb Söhngen eröffnete mir im Lauf des Juli, daß er dieses Jahr das Thema bestimmen werde und daß er damit rechne, daß ich mich an die Bearbeitung wagen würde. Ich fühlte mich in der Pflicht und blickte dem Augenblick der öffentlichen Verkündung des Themas mit Spannung entgegen. Das vom Meister gewählte Thema lautete: Volk und Haus Gottes in Augustins Lehre von der Kirche. Da ich in den vergangenen Jahren eifrig Väter gelesen und auch ein Augustinus-Seminar Söhngens besucht hatte, konnte ich mich dem Abenteuer stellen.

Noch ein Umstand kam mir zu Hilfe. Im Herbst 1949 hatte mir Alfred Läpple das vielleicht bedeutendste Werk von Henri de Lubac »Katholizismus« in der meisterhaften Übersetzung von Hans Urs von Balthasar geschenkt. Dieses Buch ist mir zu einer Schlüssellektüre geworden. Ich bekam dadurch nicht nur ein neues und tieferes Verhältnis zum Denken der Väter, sondern auch einen neuen Blick auf die Theologie und den Glauben insgesamt. Glaube war hier innere Anschauung und gerade durch das Denken mit den Vätern wieder Gegenwart geworden. Man spürte in dem Buch die stille Auseinandersetzung sowohl mit dem Liberalismus wie mit dem Marxismus, den dramatischen Kampf des französischen Katholizismus um einen neuen Einbruch des Glaubens ins Geistesleben unserer Zeit. Aus einer individualistisch und moralistisch verengten Weise des Glaubens heraus führte Lubac seine Leser wieder ins Freie eines wesentlich sozial, im Wir gedachten und gelebten Glaubens, der eben als solcher seinem Wesen nach auch Hoffnung war, die Geschichte als ganze berührte und nicht nur dem einzelnen private Seligkeit verhieß. So sah ich mich nach anderen Werken Lubacs um und profitierte besonders auch von seinem Buch Corpus mysticum, in dem sich mir – über die bei Pascher, Schmaus und Söhngen gewonnenen Erkenntnisse hinaus – ein neues Verstehen der Einheit von Kirche und Eucharistie eröffnete. Aus diesen Horizonten heraus konnte ich in das geforderte Gespräch mit Augustinus eintreten, das ich auf vielerlei Weise schon seit langem versucht hatte.

Die großen Ferien, die von Ende Juli bis Ende Oktober dauerten, waren ganz der Preisarbeit gewidmet. Aber dann ergab sich eine schwierige Situation. Ende Oktober empfingen wir die Subdiakonats- und die Diakonatsweihe. Damit begann die engere Vorbereitung auf die Priesterweihe, die

Die Priesterbrüder Georg
und Joseph mit dem Jugend-
freund Rupert Berger am
Tage ihrer Priesterweihe
(29. 6. 1951). Die Aufnahme
entstand bei der Begrüßung
der Neupriester in Traun-
stein, in dessen Nähe sich
die Eltern ein Bauernhaus
als Alterssitz erworben
hatten.

Die Familie Ratzinger nach
der Primiz der beiden Brüder
am 8. Juli 1951

70

damals etwas anders aussah als heute. Wir waren nun wieder alle im Priesterseminar in Freising zusammen und wurden in die praktischen Aspekte des priesterlichen Dienstes eingeführt; dazu gehörte unter anderem die Einübung in Predigt und Katechese. Der Ernst dieser Vorbereitung fordert eigentlich den Menschen uneingeschränkt, aber ich mußte nun doch versuchen, damit die Erarbeitung meines Themas zu verbinden. Die Toleranz des Hauses und die Nachsicht meiner Weggefährten machten diese schwierige Kombination möglich. Mein Bruder, der mit mir auf dem Weg zum Priestertum war, nahm mir – soweit es nur irgend ging – die praktischen Vorbereitungsarbeiten für die Zeit von Priesterweihe und Primiz ab; meine Schwester, die zu dieser Zeit als Sekretärin in einer Anwaltskanzlei beschäftigt war, besorgte in ihrer Freizeit in mustergültiger Weise die Reinschrift des Manuskripts, das so gerade innerhalb des gestellten Termins abgeliefert werden konnte.

Ich war glücklich, als ich endlich von dieser schönen, aber drückenden Last frei war und mich wenigstens die letzten zwei Monate ganz der Vorbereitung auf den großen Schritt widmen konnte: die Priesterweihe, die uns Kardinal Faulhaber im Dom zu Freising am Peter- und Paulstag 1951 spendete. Wir waren über vierzig Kandidaten, die auf den Aufruf hin »Adsum« sagten: Ich bin da – an einem strahlenden Sommertag, der als Höhepunkt des Lebens unvergeßlich bleibt. Man soll nicht abergläubisch sein. Aber als in dem Augenblick, in dem der greise Erzbischof mir die Hände auflegte, ein Vöglein – vielleicht eine Lerche – vom Hochaltar in den Dom aufstieg und ein kleines Jubellied trällerte, war es mir doch wie ein Zuspruch von oben: Es ist gut so, du bist auf dem rechten Weg. Nun folgten vier Sommerwochen, die wie ein einziges Fest waren. Am Tag der ersten heiligen Messe leuchtete unsere Pfarrkirche St. Oswald in ihrem schönsten Glanz, und die Freude, die den ganzen Raum fast greifbar ausfüllte, zog alle in die lebendigste Weise »aktiver Teilnahme« am heiligen Geschehen hinein, die keiner äußeren Geschäftigkeiten bedurfte. Wir waren eingeladen, den Primizsegen in die Häuser zu tragen, und wurden überall, auch von ganz unbekannten Menschen, mit einer Herzlichkeit empfangen, die ich mir bisher nicht hatte vorstellen können. So habe ich ganz unmittelbar erfahren, wie sehr Menschen auf den Priester warten, wie sehr sie auf den Segen warten, der aus der Kraft des Sakraments kommt. Da ging es nicht um meine Person oder die meines Bruders: Was hätten wir jungen Leute aus unserem Eigenen heraus schon den vielen bedeuten können, denen wir nun begegneten? Sie sahen in uns Menschen, die vom Auftrag Christi berührt waren und seine Nähe zu den Menschen tragen durften; so entstand, gerade weil es nicht um uns selber ging, auch ganz schnell eine freundliche menschliche Beziehung.

Gestärkt von der Erfahrung dieser Wochen konnte ich am 1. August meinen Dienst als Kaplan in der Pfarrei Hl. Blut zu München antreten. Der größere Teil der Pfarrei lag in einem Villenviertel, in dem Intellektuelle, Künstler, höhere Beamte wohnten, aber es gab auch Straßenzüge mit kleinen Geschäftsleuten und Angestellten, dazu Hausmeister und Dienstmädchen, die damals zu den Haushalten der besser Gestellten gehörten. Der von einem berühmten Architekten gebaute, aber zu klein geratene Pfarrhof war heimelig, wenn auch die Vielzahl der Leute, die darin in verschiedenen Funktionen als Hilfe mitarbeiteten, immer wieder etwas von Hektik aufkommen ließ. Aber das Entscheidende war die Begegnung mit dem guten Pfarrer Blum-

Bergmesse bei Ruhpolding (Sommer 1952)

schein, der nicht nur zu anderen sagte, ein Priester müsse »glühen«, sondern wirklich ein innerlich glühender Mensch war. Bis zu seinem letzten Atemzug hat er mit allen Fasern seiner Existenz priesterlich dienen wollen: Er starb auf einem Versehgang. Seine Güte und seine innere Leidenschaft für den Auftrag gaben diesem Pfarrhof seine Prägung. Was im ersten Augenblick als Hektik erscheinen konnte, war in Wirklichkeit Ausdruck einer ständig gelebten Dienstbereitschaft.

Dieses Vorbild freilich brauchte ich, denn das Paket an Aufgaben, das mir zugedacht war, war gewaltig. Ich hatte sechzehn Religionsstunden in fünf verschiedenen Klassen zu halten, was viel Vorbereitung erheischte. Jeden Sonntag mußte ich wenigstens zweimal zelebrieren und zwei verschiedene Predigten halten; jeden Morgen saß ich von 6 bis 7 Uhr im Beichtstuhl, am Samstagnachmittag vier Stunden. Jede Woche waren mehrere Beerdigungen in den verschiedenen Friedhöfen der Stadt zu halten. Die ganze Jugendarbeit lag auf meinen Schultern, und dazu kamen die außergewöhnlichen Verpflichtungen wie Taufen, Hochzeiten usw. Da der Pfarrer sich nicht schonte, konnte und wollte auch ich es nicht tun. Angesichts meiner geringen praktischen Vorbereitung war ich zunächst mit einiger Sorge auf diese Verpflichtungen zugegangen. Aber alsbald wurde die Arbeit mit den Kindern in der Schule, durch die sich natürlich auch die Begegnung mit den Eltern ergab, zu einer großen Freude, und auch mit den verschiedenen Gruppen der katholischen Jugend wuchs schnell ein gutes Miteinander. Freilich wurde mir auch sichtbar, wie weit die Denk- und Lebenswelt vieler Kinder vom Glauben entfernt war, wie wenig der Religionsunterricht noch Deckung im Leben und Denken der Familien fand. Ich konnte ferner nicht verkennen, daß die Form von Jugendarbeit, die noch ganz fortführte, was in der Zwischenkriegszeit gewachsen war, der inzwischen sich verändernden neuen Zeit nicht standhalten würde und daß man Ausschau halten mußte nach neuen Formen. Einige der Gedanken, die mir beim Umgang mit diesen Erfahrungen in den Sinn kamen, habe ich etliche Jahre später in meinem Aufsatz »Die neuen Heiden und die Kirche« niedergelegt, der damals zu einer lebhaften Diskussion geführt hat.

Die Berufung ans Freisinger Priesterseminar, die die Obrigkeit zum 1. Oktober 1952 verfügte, hat in mir unterschiedliche Empfindungen geweckt. Einerseits war dies die Lösung, die ich mir gewünscht hatte, um wieder zu meiner geliebten theologischen Arbeit zurückkehren zu können. Andererseits habe ich vor allem im ersten Jahr sehr unter dem Verlust der von der Seelsorge geschenkten Fülle menschlicher Beziehungen und Erfahrungen gelitten, so daß ich zu zweifeln begann, ob ich nicht doch besser hätte in der Pfarrseelsorge bleiben sollen. Das Gefühl, gebraucht zu werden und einen wichtigen Dienst zu tun, hatte mir geholfen, das Äußerste zu geben, und mir die Freude am Priestertum geschenkt, die in der neuen Aufgabe so unmittelbar nicht zu erleben war. Ich hatte nun für die Studenten des letzten Jahres eine Vorlesung über die Pastoral der Sakramente zu halten und konnte dabei zwar nur aus einer bescheidenen, aber immerhin ganz nahen und frischen Erfahrung schöpfen. Dazu kamen Gottesdienste und Beichtstuhl im Dom sowie die Führung einer Jugendgruppe, die mein Vorgänger aufgebaut hatte. Vor allem aber war die Promotion zu Ende zu führen, die damals noch recht anspruchsvoll war: In acht Fächern war je eine mündliche Prüfung von einer Stunde und je ein schriftliches Examen abzulegen;

das Ganze wurde bekrönt durch eine öffentliche Disputation, für die man Thesen aus allen theologischen Disziplinen aufstellen mußte. Es war vor allem für Vater und Mutter eine große Freude, als im Juli 1953 dieser Akt über die Bühne ging und damit der theologische Doktorhut erworben war.

Das Drama der Habilitation und die Freisinger Jahre

Es fügte sich, daß gerade mit dem Ende des Sommersemesters 1953 der Lehrstuhl für Dogmatik und Fundamentaltheologie an der Philosophisch-Theologischen Hochschule zu Freising frei wurde. Ein Jahr lang war er von dem schlesischen Priester Otfried Müller vertreten worden, der sich gleichzeitig mühte, seine Habilitation in München voranzubringen – ein wahrhaft schwieriges Unterfangen angesichts des Anspruchs, zwei theologische Kernfächer zu lehren. Nun hatte die im Aufbau begriffene Theologische Hochschule zu Erfurt Müller gebeten, dort das Fach Dogmatik zu übernehmen. Es war kein leichter Entscheid, aus dem aufstrebenden Westen Deutschlands mit seinem Wohlstand und seiner Freiheit überzuwechseln in den sowjetisch besetzten Teil unseres Vaterlandes, der sich damals mehr noch als später als ein großes Gefängnis darstellte. Müller nahm den Ruf an und hat eine ganze Generation von Priestern in der DDR theologisch geformt. Das Freisinger Professorenkollegium ließ erkennen, daß es an mich als Nachfolger dachte, aber ich wollte wenigstens ein Jahr noch in meiner bisherigen Stellung am Priesterseminar bleiben, die zwar auch ein Bündel von Verpflichtungen mit sich brachte, mir aber doch wesentlich mehr Freiheit für die Vorbereitung der Habilitation gab, als es bei der Position in der Hochschule der Fall gewesen wäre. Der Dogmatiker der Garser Redemptoristen-Hochschule, Pater Viktor Schurr, ein heiterer und gescheiter Schwabe, übernahm nun die Vertretung für ein Jahr, in dem wir uns in guter Freundschaft fanden.

Als erstes war nun das Habilitationsthema festzulegen. Gottlieb Söhngen entschied, ich solle jetzt, nachdem die Promotion aus der Väter-Theologie genommen war, mich dem Mittelalter zuwenden. Da ich von Augustinus herkam, lag es nahe, über Bonaventura zu arbeiten, mit dem Söhngen sich ziemlich eingehend beschäftigt hatte. Und nachdem die Dissertation ein ekklesiologisches Thema behandelt hatte, sollte ich jetzt an den zweiten großen Themenkreis der Fundamentaltheologie, an den Offenbarungsbegriff denken. In dieser Zeit war der Gedanke der Heilsgeschichte in der katholischen Theologie ins Zentrum des Fragens gerückt und hatte die Vorstellung von Offenbarung, die in der Neuscholastik allzusehr auf den intellektuellen Bereich fixiert gewesen war, in ein neues Licht gestellt: Offenbarung erschien nun nicht mehr einfach als Mitteilung von Wahrheiten an den Verstand, sondern als geschichtliches Handeln Gottes, in dem sich stufenweise Wahrheit enthüllt. So sollte ich versuchen herauszubringen, ob es in irgendeiner Form bei Bonaventura eine Entsprechung zum Begriff der Heilsgeschichte gebe und ob dieses Motiv – wenn erkennbar – in Zusammenhang mit dem Gedanken der Offenbarung stehe. Ich machte mich mit Eifer und Freude an die Arbeit. Obwohl ich Grundkenntnisse über Bonaventura hatte und auch kleinere Schriften von ihm schon gelesen hatte, taten sich mir bei der fortschreitenden Arbeit neue Welten auf. Als Pater Schurr seine Sachen packte und im Sommer 1954 von Freising Abschied nahm, hatte ich die

Materialsammlung abgeschlossen und die Grundgedanken meiner Interpretation des Gefundenen ausgearbeitet, aber die schwere Aufgabe der Niederschrift des Buches stand noch bevor.

Wieder ergab sich eine merkwürdige Fügung. Durch den Tod des emeritierten Philosophen der Hochschule wurde eine der Professorenwohnungen auf dem Domberg frei, und man drängte mich, zugleich mit der Übernahme der Professur für Dogmatik auch einen Haushalt zu eröffnen und die Wohnung zu beziehen. Aber das ging mir zu schnell, zumal ja die Hauptarbeit für die Habilitation noch zu leisten war. Ich nahm allerdings im Wintersemester die Vorlesungen in der Dogmatik als Lehrstuhlvertreter auf; man gestattete mir, die Fundamentaltheologie noch ein Jahr aufzuschieben. Ich begann mit der vierstündigen Vorlesung über Gott; es war eine Freude, in diese große Frage und in den Reichtum der Überlieferung vorzustoßen; das begeisterte Mitgehen der Studenten half mir, die Doppelarbeit an der Vorlesung und an der Habilitationsschrift zu bestehen. Ende des Sommersemesters 1955 war das handgeschriebene Manuskript fertig; leider stieß ich auf eine Schreiberin, die nicht nur langsam war, sondern dann und wann Blätter verlor und meine Nerven durch ein Übermaß von Fehlern aufs äußerste strapazierte, besonders weil sich die Fehler in den zitierten Seitenzahlen ausbreiteten und der Kampf um die Richtigstellung und die Aufdeckung aller Irrtümer manchmal fast aussichtslos erschien. Im Spätherbst konnte ich die vorgeschriebenen zwei Pflichtexemplare endlich der Münchener Fakultät übergeben, mit deren graphischer Erscheinung ich allerdings alles eher als glücklich sein konnte. Aber ich durfte hoffen, daß keine allzu groben Irrtümer stehengeblieben waren.

Dozent der Dogmatik und Fundamentaltheologie in Freising (Sommer-Semester 1955)

Die Eltern Ratzinger mit dem älteren Bruder Georg vor ihrem Haus in Hufschlag bei Traunstein im Herbst 1955

Inzwischen war auch die Frage der Wohnung gereift. Für die Eltern – der Vater war inzwischen 78, die Mutter 71 Jahre alt – wurde das Hufschlager Idyll allmählich beschwerlich. Die Kirche und alle Geschäfte lagen in der Stadt, zu der immerhin zwei Kilometer zu gehen waren, was besonders bei den Traunsteiner Wintern mit großen Schneemassen und oft vereisten Straßen keine leichte Sache war. So sehr wir alle an dem stillen Haus am Waldrand hingen, es schien doch der Augenblick gekommen zu sein, nach einer neuen Lösung zu suchen. Da die Habilitation gesichert schien und die Wohnung auf dem Domberg auf einen neuen Bewohner wartete, schien uns allen richtig, Vater und Mutter nach Freising zu holen: So würden sie neben dem Dom wohnen, die Geschäfte waren nahe, und wir konnten noch einmal ein familiäres Zusammensein aufbauen, zumal auch meine Schwester daran dachte, zu einem späteren Zeitpunkt eventuell nachzukommen. Der Umzug erfolgte am 17. November, einem nebelverhangenen Tag, dessen Melancholie sich von selbst auf die guten Eltern in der Stunde eines Abschieds übertrug, der nicht nur Weggehen von einem Ort, sondern von einem Stück Leben bedeutete. Aber sie begannen mit Mut und Tatkraft. Kaum waren die Möbelträger angekommen, zog Mutter ihre Schürze an und arbeitete mit, abends stand sie schon am Herd und bereitete das erste Abendessen; Vater war ebenso mit Umsicht und Energie dabei, alles auf die rechten Wege zu leiten. Daß eine ganze Reihe Studenten da waren und jede nur erdenkliche Hilfe leisteten, war eine wichtige Ermutigung: Man trat nicht in einen leeren Raum hinein, sondern in einen Zusammenhang von Freundschaft und gegenseitiger Zuwendung. Wir haben einen glücklichen Advent erlebt, und als an Weihnachten auch mein Bruder und meine Schwester kamen, war die fremde Wohnung wieder zu einem rechten Zuhause geworden.

Wir alle wußten zu dieser Zeit noch nicht, welche Gewitterwolken über mir standen. Gottlieb Söhngen hatte die Habilitationsschrift sogleich gelesen, mit Enthusiasmus aufgenommen und sie mehrfach bereits in der Vorlesung zitiert. Professor Schmaus, der viel beschäftigte Korreferent, ließ sie zunächst ein paar Monate liegen. Von einer Sekretärin wußte ich, daß er im Februar schließlich mit der Lektüre begonnen hatte. Zu Ostern 1956 rief er erstmals die deutschsprachigen Dogmatiker zu einer Tagung nach Königstein zusammen, aus der dann die nun regelmäßig tagende Arbeitsgemeinschaft der deutschen Dogmatiker und Fundamentaltheologen geworden ist. Ich war dabei und habe übrigens bei dieser Gelegenheit Karl Rahner erstmals persönlich kennengelernt. Er war daran, die neue Ausgabe des von Bischof Buchberger begründeten »Lexikon für Theologie und Kirche« herauszugeben, und da ich für das evangelische Parallelwerk »Die Religion in Geschichte und Gegenwart« einige Artikel zu schreiben hatte, erkundigte er sich interessiert bei mir nach den dort angewandten editorischen Methoden. So sind wir gleich bei dieser Gelegenheit einander menschlich recht nahe gekommen. Schmaus rief mich während der Königsteiner Tagung zu einem kurzen Gespräch zu sich, in dem er mir sachlich und ohne Emotion eröffnete, er müsse meine Habilitationsschrift ablehnen, da sie nicht den dabei geltenden wissenschaftlichen Maßstäben genüge. Einzelheiten würde ich nach dem entsprechenden Fakultätsbeschluß erfahren. Ich war wie vom Donner getroffen. Eine Welt drohte für mich zusammenzubrechen. Was sollte aus meinen Eltern werden, die guten Glaubens zu mir nach Freising gekommen waren, wenn ich nun als Gescheiterter von der Hochschule gehen mußte? Und meine ganze eigene Zukunftsplanung, die sich wieder ganz auf das theologische Lehramt gerichtet hatte, war dann gescheitert. Ich dachte daran, mich um die Kaplansstelle in Freising St. Georg zu bewerben, zu der eine Wohnung mit Haushalt gehörte, aber eine besonders tröstliche Lösung war dies nicht.

Einstweilen galt es abzuwarten; mit einem dumpfen Gefühl ging ich in das Sommersemester hinein. Was war geschehen? Soweit ich die Sache begreifen kann, wirkten drei Faktoren zusammen. Ich hatte bei meiner Forschungsarbeit gesehen, daß die wesentlich von Michael Schmaus vertretene Münchener Mediävistik fast ganz auf dem Stand der Vorkriegszeit stehengeblieben war und die großen neuen Erkenntnisse überhaupt nicht mehr wahrgenommen hatte, die inzwischen besonders im französischen Sprachraum erarbeitet worden waren. Mit einer für einen Anfänger wohl unangebrachten Schärfe kritisierte ich die überwundenen Positionen, und das war Schmaus ganz offensichtlich zu viel, zumal es ihm an sich gegen den Sinn ging, daß ich über ein mittelalterliches Thema gearbeitet hatte, ohne mich seiner Führung anzuvertrauen. Das von ihm bearbeitete Exemplar meines Buches war am Ende mit Randglossen in allen Farben angefüllt, die ihrerseits an Schärfe nichts zu wünschen übrigließen. Da er nun schon einmal aufgebracht war, reizten ihn auch das unzulängliche graphische Erscheinungsbild und verschiedene Zitationsfehler, die aller Mühsal zum Trotz stehengeblieben waren.

Aber auch das Ergebnis meiner Analysen mißfiel ihm. Ich hatte festgestellt, daß es bei Bonaventura (und wohl bei den Theologen des 13. Jahrhunderts überhaupt) keine Entsprechung zu unserem Begriff »Offenbarung« gebe, mit dem wir üblicherweise das Ganze der offenbarten Inhalte zu bezeichnen pflegen, so daß sich sogar der Sprachgebrauch eingebürgert hat, die Heilige Schrift einfach »die Offenbarung« zu nennen. In der Sprache des hohen Mittelalters wäre eine solche Identifizierung ganz undenkbar. »Offenbarung« ist dort immer ein Aktbegriff: Das Wort bezeichnet den Akt, in dem Gott sich zeigt, nicht das objektivierte Ergebnis dieses Aktes. Und weil es so ist, gehört zum Begriff »Offenbarung« immer auch das empfangende Subjekt: Wo niemand »Offenbarung« wahrnimmt, da ist eben keine Offenbarung geschehen, denn da ist nichts offen geworden. Zur Offenbarung gehört vom Begriff selbst her ein Jemand, der ihrer inne wird. Diese bei der Lektüre Bonaventuras gewonnenen Einsichten sind mir später, beim konziliaren Disput über Offenbarung, Schrift, Überlieferung sehr wichtig geworden. Denn wenn es so ist, dann liegt Offenbarung der Schrift voraus und schlägt sich in ihr nieder, ist aber nicht einfach mit ihr identisch. Das aber heißt dann, daß Offenbarung immer größer ist als das bloß Geschriebene. Und das wieder bedeutet, daß es ein reines »Sola scriptura« (»durch die Schrift allein«) nicht geben kann, daß zur Schrift das verstehende Subjekt Kirche gehört, womit auch schon der wesentliche Sinn von Überlieferung gegeben ist. Aber einstweilen ging es um meine Habilitationsschrift, und Michael Schmaus, der vielleicht auch von Freising ärgerliche Gerüchte über die Modernität meiner Theologie gehört hatte, sah in diesen Thesen keineswegs eine getreue Wiedergabe von Bonaventuras Denken (wovon ich hingegen auch heute noch überzeugt bin), sondern einen gefährlichen Modernismus, der auf die Subjektivierung des Offenbarungsbegriffes hinauslaufen müsse.

In der Fakultätssitzung, die sich mit meiner Habilitationsschrift befaßte, muß es einigermaßen stürmisch zugegangen sein. Schmaus konnte im Gegensatz zu Söhngen auf starke Freunde im Kollegium zählen, aber das Verdammungsurteil wurde doch abgemildert: Die Arbeit wurde nicht abgelehnt, sondern zur Verbesserung zurückgegeben. Was zu verbessern war, sollte ich aus den Randbemerkungen ersehen, die Schmaus in sein Exemplar eingetragen hatte. Damit war mir wieder Hoffnung gegeben, auch wenn Schmaus nach diesem Beschluß, wie mir Meister Söhngen berichtete, geäußert hatte, das Maß der erforderlichen Umarbeitung sei so groß, daß dafür Jahre nötig sein würden. Dann wäre die Rückgabe einer Ablehnung gleichwertig gewesen, und ich hätte zweifellos meine Arbeit an der Hochschule beenden müssen. Ich blätterte das arg entstellte Exemplar meines Buches durch und kam zu einer ermutigenden Entdeckung. Während es in den ersten zwei Teilen von kritischen Anmerkungen wimmelte, die mich freilich nur selten überzeugen konnten und sich manchmal schon zwei Seiten später aufgeklärt hätten, war der letzte Teil – über die Geschichtstheologie Bonaventuras – gänzlich ohne Beanstandungen geblieben. Dabei wäre gerade auch hier durchaus Sprengstoff enthalten gewesen. Worum ging es?

Die franziskanische Bewegung war früh auf eigentümliche Zusammenhänge ihres Werdens mit der Geschichtsprophetie des 1202 verstorbenen süditalienischen Abtes Joachim von Fiore aufmerksam geworden. Dieser fromme Gelehrte glaubte, aus der Heiligen Schrift herauslesen zu können, daß die Geschichte sich von einem strengen Reich des Vaters (Altes Testament) über das Reich des Sohnes (bisherige Kirche) zu einem dritten Reich, dem Reich des Geistes hin entwickeln werde, in dem endlich die Verheißungen der Propheten erfüllt sein und nur noch Freiheit und Liebe herrschen würden. Er hatte in der Bibel auch Berechnungs-grundlagen für das Heraufkommen der Geistkirche zu finden geglaubt, die es nun nahelegten, Franz von Assisi als Anfang der neuen Epoche zu deuten und seine Brüder-gemeinschaft als deren Träger anzusehen. Schon Mitte des 13. Jahrhunderts entwickelten sich radikale Deutungen dieser Idee, die schließlich die »Spiritualen« aus dem Orden hinaus und in den offenen Konflikt mit dem Papsttum drängten. Henri de Lubac hat in einem zweibändigen Spät-werk die Nachgeschichte Joachims dargestellt, die bis zu Hegel und bis in die totalitären Systeme unseres Jahrhun-derts reicht. Nun hatte man bisher immer gesagt, Bonaven-tura habe Joachim nie zitiert; die kritische Ausgabe seiner Werke kennt den Namen Joachim nicht. Diese These muß-te freilich, bei Licht betrachtet, immer schon als fragwürdig erscheinen, denn Bonaventura war als General seines Or-dens unvermeidlich in die Auseinandersetzung um das Ver-hältnis von Franz und Joachim geworfen; schließlich hatte er seinen heiligmäßigen, aber den Ideen Joachims zugeneig-ten Vorgänger Johannes von Parma sogar in Klosterhaft nehmen müssen, um Polarisierungen zuvorzukommen, die sich auf den frommen Mann hätten stützen können. Ich konnte bei meiner Arbeit als erster zeigen, daß Bonaven-tura sich in seiner Auslegung des Sechs-Tage-Werkes (des Schöpfungsberichtes) eingehend mit Joachim auseinander-setzt und als Mann der Mitte den Versuch macht, das Brauchbare aufzunehmen, aber in die kirchliche Ordnung zu integrieren. Dieses Ergebnis wurde anfangs begreifli-cherweise nicht von allen begeistert aufgenommen, hat sich aber inzwischen durchgesetzt. Schmaus hatte, wie gesagt, an diesem ganzen Abschnitt meines Werkes keine Kritik geübt.

So kam mir eine rettende Idee. Was ich über die Geschichtstheologie Bonaventuras ausgeführt hatte, war zwar
mit dem Ganzen meines Buches verwoben, aber doch einigermaßen selbständig; man konnte es ohne große Schwierigkeiten aus dem Werk herauslösen und zu einem in sich
geschlossenen Ganzen gestalten. Bei einem Umfang von gut
200 Seiten war ein solches Buch zwar kürzer als inzwischen
bei Habilitationsschriften gewohnt, aber immer noch groß
genug angelegt, um die Fähigkeit zu selbständiger theologischer Forschung zu beweisen, worum es ja bei einem solchen Opus ging. Da bei der herben Kritik an meiner Arbeit
dieser Teil ohne Beanstandung geblieben war, konnte man
ihn wohl nicht nachträglich als wissenschaftlich unan-
nehmbar erklären. Gottlieb Söhngen, dem ich meinen Plan
vortrug, war sofort einverstanden. Leider war mein Ter-
minkalender für die großen Ferien schon weitgehend ausge-
füllt, aber ich konnte immerhin noch zwei Wochen freima-
chen, in denen ich die nötige Bearbeitung bewerkstelligte.
So war es mir möglich, bereits im Oktober das zurückge-
wiesene Opus in neuer, verkürzter Form der Fakultät – zum
Erstaunen des Kollegiums – wieder auf den Tisch zu legen.
Wieder folgten Wochen unruhigen Wartens. Endlich am
11. Februar 1957 erfuhr ich, daß die Habilitationsschrift
angenommen war; die öffentliche Habilitationsvorlesung
wurde auf den 21. Februar festgelegt. Nach der damals
geltenden Münchener Habilitationsordnung gehörten diese
Vorlesung und der zugehörige Disput noch zu den nötigen
Habilitationsleistungen, das heißt, man konnte dabei noch
einmal – jetzt vor aller Öffentlichkeit – durchfallen, wie es
in der Tat nach dem Krieg bereits zweimal geschehen war.
So ging ich nicht ohne Sorge auf diesen Tag zu, denn die
Vorbereitungszeit war angesichts meiner weitergehenden

Vorlesungsverpflichtungen in Freising kurz. Der große Hörsaal, den man für die Veranstaltung gewählt hatte, war überfüllt; eine merkwürdige Spannung lag fast physisch greifbar in der Luft. Nach meinem Vortrag hatten Referent und Korreferent das Wort zu ergreifen. Bald wurde aus der Diskussion mit mir ein leidenschaftlicher Disput der beiden miteinander. Sie wandten sich dem Auditorium zu und dozierten in dieses hinein; ich stand im Hintergrund, ohne noch gebraucht zu werden. Die anschließende Beratung der Fakultät dauerte lang; schließlich kam der Dekan auf den Gang heraus, auf dem ich mit meinem Bruder und Freunden wartete, um mir ganz formlos mitzuteilen, daß ich bestanden habe und habilitiert sei.

Im Augenblick vermochte ich kaum Freude zu empfinden, so schwer lag der Alptraum des Vergangenen noch auf mir. Aber langsam löste sich die Sorge, die sich in mir festgesetzt hatte; ich konnte ja nun in Ruhe meinen Dienst in Freising weitertun und brauchte nicht mehr die Angst zu hegen, ich hätte meine Eltern in ein trauriges Abenteuer gestürzt. Bald darauf wurde ich zum Privatdozenten an der Universität München ernannt, und zum 1. Januar 1958 erfolgte – nicht ohne vorangegangenes Störfeuer von interessierter Seite – meine Ernennung zum Professor für Fundamentaltheologie und Dogmatik an der Philosophisch-Theologischen Hochschule zu Freising. Das Verhältnis zu Professor Schmaus blieb begreiflicherweise vorerst gespannt, hat sich aber in den siebziger Jahren entkrampft und in Freundschaft gewandelt. Ich konnte zwar nach wie vor seine damaligen Urteile und Entscheide nicht für wissenschaftlich gerechtfertigt halten, habe aber erkannt, daß die Prüfung dieses schweren Jahres menschlich für mich heilsam war und sozusagen einer höheren Logik als der bloß wissenschaftlichen folgte. Vorerst bewirkte der Abstand zu Schmaus eine Annäherung an Karl Rahner; vor allem aber blieb mir die Absicht, nicht leicht der Ablehnung von Dissertationen oder Habilitationsarbeiten zuzustimmen, sondern wenn irgend von der Sache her möglich die Partei des Schwächeren zu ergreifen – eine Haltung, die auf meinem akademischen Weg noch eine Rolle spielen sollte, wie sich zeigen wird.

Bald standen neue Entscheidungen und auch neue Mühsale an. Bereits im Sommer 1956, auf dem Höhepunkt der Querelen um meine Habilitation, hatte mich eine zunächst noch unverbindliche Anfrage des Dekans der Katholisch-Theologischen Fakultät zu Mainz erreicht, ob ich Interesse habe, den dortigen Lehrstuhl für Fundamentaltheologie zu übernehmen. Ich habe sofort abgesagt, zum einen, weil ich meinen Eltern dies nicht antun konnte, zum anderen, weil ich nicht sozusagen als Fahnenflüchtiger aus dem Streit um meine Habilitation weggehen wollte, den man in Zukunft als Gescheiterten hätte brandmarken können. Nun erreichte mich im Sommer 1958 ein Ruf auf den fundamentaltheologischen Lehrstuhl zu Bonn – den Lehrstuhl, den sich mein Lehrer Söhngen immer gewünscht hatte, der ihm aber in der Konstellation jener Jahre versagt geblieben war. Es war für mich sozusagen das Traumziel, dorthin zu gehen. Gegenüber 1956 hatte sich die Lage hinsichtlich der beiden Gründe geändert, die damals ein Weggehen von Freising ausschlossen.

Wieder war etwas geschehen, was ich nur als Fügung ansehen konnte. Mein Bruder hatte 1957 sein Studium an der Münchener Hochschule für Musik, das er neben seinen seelsorglichen Aufgaben geleistet hatte, mit der Meisterklasse abgeschlossen. Nun wurde ihm die Stelle des Chor-

Professor der Dogmatik und Fundamentaltheologie, in der Freisinger Wohnung (Frühjahr 1959)

Familie Ratzinger vor dem Abschied von Freising (Frühjahr 1959) Von l. nach r.: Joseph Ratzinger mit seiner Mutter Maria, Vater Joseph, Schwester Maria und Bruder Georg

direktors an der heimatlichen Pfarrkirche St. Oswald zu Traunstein zugewiesen; dazu hatte er die Musikpflege im Traunsteiner Knabenseminar zu übernehmen und in der Seelsorge mitzuwirken. Als Frühmeßbenefiziat erhielt er das hübsche kleine Benefiziatenhaus zur Wohnung, in dem bisher der Prediger der Pfarrkirche untergekommen war. Das Haus lag mitten in der Stadt, ruhig und schön, und bot nicht weniger Wohnraum als einst unser Hufschlager Heim. Wenn es bisher unmöglich erschienen war, die Eltern nochmals auf Wanderschaft zu schicken – eine Rückkehr ins unvergessene und noch immer geliebte Traunstein war zumutbar. Ich besprach die Sache zunächst mit meinem Bruder, der für meinen Weggang nach Bonn votierte und sich freute, die Eltern bei sich aufzunehmen; dann zogen wir Vater ins Vertrauen, dem die Zusage nicht ganz leicht fiel, der aber doch entschieden wünschte, daß ich die mir gebotene Möglichkeit wahrnähme. Leider haben wir Mutter, die wir nicht vorzeitig beunruhigen wollten, zu spät informiert, so daß sie von dritter Seite erfuhr, was bevorstand, und noch lange Zeit unter dem Mangel an Vertrauen litt, den sie zu spüren glaubte. So schloß nun wieder ein Lebensabschnitt. Noch einmal hatte ich mit meinen guten Eltern zusammenleben dürfen und in ihrer gütigen Gemeinschaft die Geborgenheit gefunden, die ich gerade in den aufregenden Ereignissen so sehr brauchte, denen ich ausgesetzt gewesen war. Der Freisinger Domberg, auf dem es nun leider kein Priesterseminar mehr gibt, ist mir ein Stück Heimat geworden, an das sich die Erinnerungen eines großen, wenn auch gefährdeten Anfangs ebenso knüpfen wie die Bilder des Miteinander im Alltag und in den festlichen Stunden, die wir dort begehen durften.

Professor in Bonn

Am 15. April 1959 begann ich meine Vorlesungen nunmehr als ordentlicher Professor der Fundamentaltheologie an der Bonner Universität vor einer großen Hörerschar, die mit Begeisterung den neuen Ton aufnahm, den sie bei mir zu vernehmen glaubte. Einstweilen wohnte ich noch im Theologenkonvikt Albertinum, und das war gut so für den Anfang: Ich nahm am ganz normalen Tagesablauf der Theologen teil und wuchs so auch schnell in ein ungezwungenes menschliches Miteinander mit meinen Hörern hinein. Stadt und Universität begeisterten mich: Der Hofgarten, durch den mich mein Weg an die nahe gelegene Universität führte, verschwendete die volle Pracht des Frühlings in jenem sonnigen Jahr. Die Universität zeigte immer noch die Wunden des Krieges, vor allem in den Lücken der Universitätsbibliothek und der Seminarbibliotheken, in denen die großen Quellensammlungen, die ich für meine Arbeit brauchte, noch unvollständig waren. Aber der noble Bau der alten kurfürstlichen Residenz, der nach dem Ende der napoleonischen Ära zum Hauptgebäude der Universität geworden war, hatte auch durch den Krieg seine besondere Atmosphäre nicht verloren; das pulsierende akademische Leben darin, die Begegnung mit Studierenden und Professoren aller Fakultäten begeisterten und inspirierten mich.

Nachts hörte ich die Schiffe auf dem Rhein, der am Albertinum vorbeifließt. Der große Strom mit seiner internationalen Schiffahrt gab mir ein Gefühl der Offenheit und Weite, einer Berührung der Kulturen und der Nationen, die seit Jahrhunderten hier aufeinandertrafen und sich befruchteten. Während Bayern ein Bauernland ist und seine besondere Schönheit, seine Beständigkeit und seine innere Ruhe gerade aus diesem seinen Charakter bezieht, fand ich mich nun in einer ganz anders geprägten Landschaft: Köln war nahe, Aachen nicht weit, Düsseldorf und das Ruhrgebiet gehörten zu unserem Einzugsbereich. Dazu lag eine Reihe Theologischer Hochschulen rund um uns herum: In Walberberg das Studium der Dominikaner, in Hennef-Geistingen das der Redemptoristen mit einer sehr schönen und gepflegten Bibliothek, in Sankt Augustin arbeiteten die Steyler mit einem bedeutenden Missionswissenschaftlichen Institut, in Mönchengladbach die Franziskaner, mit deren großem Bonaventura-Spezialisten Sophronius Clasen ich bald Freundschaft schloß.

So kamen Anregungen von überall, zumal ja auch Belgien und die Niederlande nahe waren und traditionell im Rheinland die Türen nach Frankreich hin offen stehen. Es ergab sich von selbst, daß sich ganz schnell ein interessierter Schülerkreis bildete, mit dem ich bald regelmäßige Kolloquien abhielt, die ich bis ins Jahr 1993 – natürlich mit wechselnder Besetzung – durchgehalten habe. Die Katholisch-Theologische Fakultät selber war in vielen Disziplinen glanzvoll besetzt: Theodor Klauser, der Gründer und Herausgeber des Reallexikons für Antike und Christentum, war eine herausragende Gestalt; Hubert Jedin, der große Historiker des Konzils von Trient, wurde mir bald zum persönlichen Freund, dem ich bis zu seinem Tod 1980 eng ver-

Der junge Professor für Fundamentaltheologie in Bonn

bunden geblieben bin. Der Moraltheologe Schöllgen war mit seiner universalen Bildung ein äußerst anregender Gesprächspartner. So könnte ich fortfahren; ich erwähne nur noch, daß mehrere bayerische Kollegen schnell ein Gefühl der Beheimatung gaben. Der Dogmatiker Johann Auer, mit dem ich dann in Regensburg wieder zusammentreffen sollte, lehrte seit 1950 in Bonn; mit mir war Ludwig Hödl als zweiter Vertreter des Faches Dogmatik nach Bonn gegangen – ein großer Kenner der ungedruckten Quellen mittelalterlicher Theologie, dessen Meisterschaft in der Schule von Schmaus immer mit Recht bewundert worden war.

Auch über die Fakultätsgrenzen hinaus ergaben sich bald Freundschaften, die für meinen eigenen Weg wichtig wurden. Ich erwähne bloß den Indologen Paul Hacker, dessen universale Begabung ich nur bewundern konnte. Er war als Slawist ausgebildet, war ein Meister der indischen Sprachen (so daß Inder zu ihm kamen, um Sanskrit oder Hindi zu studieren), beherrschte aber auch Latein und Griechisch in ungewöhnlicher Weise. Da in Bonn im Rahmen der Fundamentaltheologie auch Religionsgeschichte zu lesen war, war mir die schnell entstandene Freundschaft mit ihm besonders lehrreich. Seine religionsgeschichtlichen Studien sind durch die Höhe subtiler sprachlicher Analyse wie durch inhaltlichen Tiefgang bedeutend.

Hacker war, als ich ihn kennenlernte, gläubiger Lutheraner, aber ein immerfort suchender Mensch. Sein Suchen hatte ihn zur Indologie getrieben, aber sein Eindringen in die indische Geisteswelt hatte ihn neu zum Christentum zurückgeführt. Nun vertiefte er sich in die Werke Luthers ebenso wie in diejenigen der Kirchenväter. Sein leidenschaftliches Temperament wollte keine physischen Grenzen kennen, so daß er mit einer oder auch mehreren Flaschen

Rotwein ganze Nächte mit den Vätern oder mit Luther im Gespräch war. Sein Weg hat ihn dann in die katholische Kirche geführt, in der er zunächst durchaus dem romkritischen Flügel zuzurechnen war. Hernach ist er immer mehr konzilskritisch geworden und hat vor allem Karl Rahners Theologie mit einer Schärfe bekämpft, die seinem vulkanischen Temperament entsprach, aber nicht geeignet war, seinen Argumenten Gehör zu verschaffen. So ist leider auch sein Lutherbuch, Frucht eines jahrelangen inneren Ringens, als Schrift eines Außenseiters und Dilettanten beiseite gelegt worden, der er nun wahrhaftig nicht war: In der Genauigkeit seiner Textanalysen ist er bis zuletzt unübertroffen geblieben. Hacker – das möchte ich hier gleich vorwegnehmen – ist kurz nach mir ebenfalls nach Münster gegangen, wo sich unsere Kontakte noch vertieft haben und nun freilich nicht mehr so sehr (wie in Bonn) auf Indologie, sondern jetzt auf sein theologisches Fragen bezogen. Es konnte nicht ausbleiben, daß diese Freundschaft auch recht spannungsreich wurde, aber meine Dankbarkeit ist unverändert geblieben, denn ich weiß mich im religionswissenschaftlichen wie im theologischen Bereich in vieler Hinsicht als sein Schuldner. Durch seinen ungestümen Arbeitsrhythmus hat er sich früh aufgezehrt; sein Werk wird heute kaum beachtet, wird aber – davon bin ich überzeugt – eines Tages wieder entdeckt werden und noch vieles zu sagen haben.

Kehren wir zurück nach Bonn: Das erste Semester bleibt wie ein Fest der ersten Liebe eine großartige Erinnerung. Inzwischen hatte ich eine hübsche Wohnung im damals noch nicht mit Bonn vereinigten Bad Godesberg beziehen können. Von den Nachbarn in diesem Haus ist mir vor allem der inzwischen leider verstorbene Anglist Arno Esch zum Freund geworden. Mitten in die heitere Stimmung des Auf-

In der Bibliothek des fundamentaltheologischen Seminars in Bonn
(Sommer 1960)

bruchs hinein, die mich durch all diese Monate begleitet hatte, fiel im August ein Paukenschlag von unerwarteter Wucht und Härte. Mit meiner Schwester, die mit mir nach Bonn gegangen war und die mich auf allen Stationen meines Weges bis zum frühen Tod im November 1991 treulich begleitete, war ich im August in unser neues Elternhaus in der mittleren Hofgasse zu Traunstein gefahren, wo Vater, Mutter und Bruder uns mit großer Freude erwarteten. Vater hatte im Sommer 1958, als er die schwere Schreibmaschine meiner Schwester bei glühender Hitze zur Reparatur trug, ein leichter Schlaganfall getroffen, dem wir alle – leider – keine Bedeutung beimaßen, weil er gleich wieder überwunden schien; Vater ging seinen Beschäftigungen nach, als ob nichts geschehen wäre. Es fiel eigentlich nur eine große Abgeklärtheit an ihm auf, eine besonders nachsichtige Güte, mit der er uns begegnete. Zu Weihnachten 1958 beschenkte er uns mit einer fast unbegreiflichen Großzügigkeit; wir spürten, daß er dies für sein letztes Weihnachten hielt, und konnten es doch nicht glauben, denn äußerlich war ihm nichts anzumerken. Mitte August 1959 wurde er nachts von einem heftigen Unwohlsein befallen, von dem er sich nur langsam erholte. Am Sonntag, dem 23. August, lud ihn Mutter zu einem Spaziergang an die alten Orte unseres Wohnens und unserer Freundschaften ein; sie gingen an diesem sommerlich heißen Tag mehr als zehn Kilometer miteinander. Als sie heimkamen, fiel Mutter auf, mit welcher Inbrunst der Vater bei einem kurzen Besuch in der Kirche betete und mit welcher inneren Unruhe er auf die Heimkehr von uns dreien von einer Fahrt nach Tittmoning wartete. Während des Abendessens ging er hinaus und brach dann oberhalb der Stiege zusammen. Es war ein schwerer Schlaganfall, dem er nach genau zwei

Tagen des Leidens erlag. Wir waren dankbar, daß wir alle um sein Bett stehen und ihm noch einmal unsere Liebe zeigen konnten, die er dankbar aufnahm, auch wenn er nicht mehr zu sprechen vermochte. Als ich nach diesem Erleben nach Bonn zurückkehrte, spürte ich, daß die Welt für mich ein Stück leerer geworden war und daß ein Teil meines Zuhause in die andere Welt verlegt war.

Der Konzilsbeginn und
der Übergang nach Münster

Während meine Beziehung zum Münchener Erzbischof Kardinal Wendel nicht ganz ohne Komplikationen geblieben war, ergab sich zwischen dem Kölner Oberhirten Kardinal Frings und mir sofort ein unkompliziertes, ja, herzliches Einvernehmen. Daran mag mitgewirkt haben, daß sein Sekretär, der jetzige Essener Bischof Hubert Luthe, ein Studienfreund aus den Fürstenrieder Jahren war, wo ich auch mit einer Reihe anderer Kölner Theologen, zum Beispiel dem jetzigen Weihbischof Dick, in freundschaftliche Beziehung hatte treten können. Inzwischen hatte Johannes XXIII. das II. Vatikanische Konzil angekündigt und damit die Stimmung des Aufbruchs und der Hoffnung, die trotz der Drohungen der nationalsozialistischen Ära seit dem Ende des Ersten Weltkriegs in Kirche und Theologie lebendig war, neu belebt und für viele geradezu ins Euphorische gesteigert. Kardinal Frings hörte einen Vortrag über die Theologie des Konzils an, zu dem mich die Katholische Akademie Bensberg eingeladen hatte, und verwickelte mich hernach in ein langes Gespräch, das zum Ausgangspunkt einer über Jahre währenden Zusammenarbeit wurde. Als Mitglied der Zentralen Vorbereitungskommission des Konzils erhielt der Kardinal die Textentwürfe (»Schemata«), die den Vätern nach Einberufung der Kirchenversammlung zur

Beratung und Abstimmung vorgelegt werden sollten. Diese Texte sandte er mir nun regelmäßig zu, um von mir Kritik und Verbesserungsvorschläge zu erhalten. Selbstverständlich hatte ich manches auszusetzen, aber zu einer radikalen Ablehnung, wie sie dann im Konzil von vielen gefordert und auch durchgesetzt wurde, fand ich keinen Grund. Gewiß, die biblische und patristische Erneuerung, die in den letzten Jahrzehnten vor sich gegangen war, hatte diesen Vorlagen nur geringe Spuren einzeichnen können; so wirkten sie etwas steif und eng, zu sehr an die Theologie der Schule gebunden, zu sehr das Denken von Gelehrten und zu wenig das von Hirten; man muß aber sagen, daß sie grundsolide und sorgsam erarbeitet waren.

Schließlich war die große Stunde des Konzils gekommen. Kardinal Frings nahm seinen Sekretär Luthe und mich als seinen theologischen Berater nach Rom; er erwirkte, daß ich gegen Ende der ersten Sitzungsperiode auch zum offiziellen Konzilstheologen (Peritus) ernannt wurde. Ich kann und will hier nicht das besondere Erlebnis jener Jahre schildern, in denen wir in dem heimeligen Deutsch-Österreichischen Priesterkolleg Anima, nahe der Piazza Navona wohnten; nicht die vielen Begegnungen erzählen, die mir nun geschenkt wurden – mit so großen Menschen wie Henri de Lubac, Jean Daniélou, Yves Congar, Gérard Philips –, um nur ein paar herausragende Namen zu nennen; nicht von den Begegnungen mit den Bischöfen aus allen Kontinenten, nicht von den Gesprächen im kleinen Kreis berichten. Auch das theologisch-kirchliche Drama jener Jahre gehört nicht in diese Erinnerungen.

Zwei Ausnahmen möge mir der Leser erlauben. Da war zunächst die Frage, womit man das Konzil beginnen, was für eine Aufgabe man ihm überhaupt des näheren zumessen

Mit dem Kölner Erzbischof Kardinal Joseph Frings (dessen
Konzilsberater J. Ratzinger von 1962 bis 1965 war) bei einer
Tagung von Mediävisten in Köln (1962)

solle. Der Papst hatte ja nur eine sehr weitläufige Um-schreibung seiner Absicht mit dem Konzil gegeben, die den Vätern einen fast unbegrenzten Freiraum konkreter Gestal-tung ließ: Der Glaube solle unter voller Wahrung seiner in-haltlichen Identität neu in diese Zeit hineingesagt werden, und nach einer Periode der Abgrenzungen und der Defen-sive solle nun nicht verurteilt, sondern »die Arznei der Barmherzigkeit« angewandt werden. Es bestand wohl eine stillschweigende Übereinstimmung darüber, daß die Kirche das Hauptthema der Versammlung sein solle, die damit das wegen des Deutsch-Französischen Krieges 1870 vorzeitig abgebrochene I. Vatikanische Konzil wieder aufnehmen und zu Ende führen könne. Die Kardinäle Montini und Suenens legten Pläne für einen großräumigen theologischen Aufbau der Konzilsarbeit vor, bei dem das Thema Kirche in die Fragen »Kirche nach innen« und »Kirche nach außen« gegliedert werden sollte. Der zweite Teil des Themas sollte gestatten, sich den großen Fragen der Gegenwart unter dem Gesichtspunkt des Verhältnisses von Kirche und »Welt« zu stellen.

Die Reform der Liturgie aus dem Geist der liturgischen Bewegung bildete für die Mehrheit der Konzilsväter keine Priorität, für sehr viele überhaupt kein Thema. So hat zum Beispiel Kardinal Montini, der als Paul VI. zum eigentlichen Konzilspapst wurde, bei seinem Themenaufriß nach Beginn des Konzils ganz klar gesagt, daß er hier keine wesentliche Aufgabe für das Konzil finden könne. Die Liturgie und ihre Reform war seit dem Ende des Ersten Weltkriegs zu einer drängenden Frage nur in Frankreich und Deutschland ge-worden, und zwar zunächst unter dem Gesichtspunkt der möglichst reinen Wiederherstellung der alten römischen Li-turgie, wozu auch die aktive Einbeziehung des Volkes in das liturgische Geschehen gehörte. Diese beiden theologisch damals führenden Länder (zu denen natürlich auch Belgien und die Niederlande hinzugenommen werden müssen) hatten in der Vorbereitungsphase die Erarbeitung eines Schemas über die heilige Liturgie durchgesetzt, das sich zwanglos der Gesamtthematik Kirche einfügte. Daß dieser Text zum ersten Beratungsgegenstand des Konzils wurde, lag keineswegs an einem gesteigerten Interesse der Mehrheit der Väter für die liturgische Frage, sondern einfach daran, daß man hier keine großen Auseinandersetzungen erwartete und das Ganze wie eine Art Übungsgegenstand betrachtete, bei dem man die Methode konziliarer Arbeit erlernen und erproben konnte. Keinem der Väter wäre eingefallen, in diesem Text eine »Revolution« zu erblicken, die das »Ende des Mittelalters« bedeuten würde, wie ihn inzwischen Theologen glauben interpretieren zu sollen. Man sah dies als eine Fortführung der von Pius X. eingeleiteten und von Pius XII. behutsam, aber zielstrebig vorangetriebenen Reformen an. Die Generalklauseln wie »die liturgischen Bücher sollen baldigst revidiert werden« (Nr. 25) wurden in diesem Sinn verstanden: als kontinuierliche Fortführung jener Entwicklungen, die es immer gegeben hatte und die seit den Päpsten Pius X. und Pius XII. ein von der Wiederentdeckung der klassischen römischen Traditionen bestimmtes Profil erhalten hatten, das freilich Tendenzen der Barockliturgie und der Andachtsfrömmigkeit des 19. Jahrhunderts überwinden und eine neue, demütig-nüchterne Zentrierung auf das eigentliche Mysterium der Gegenwart Christi in seiner Kirche fördern sollte. Es ist in diesem Zusammenhang nicht überraschend, daß die neugestaltete »Mustermesse«, die an die Stelle des bisherigen Ordo missae treten sollte und trat, von der Mehrheit der dafür zu einer Sondersynode zu-

Während des dritten Abschnitts des II. Vatikanischen Konzils (Herbst 1964) als Berater des damaligen Kölner Erzbischofs Kardinal Joseph Frings

Spaziergang mit dem damaligen Konzilsberater Prof. Dr. Alois Grillmeier SJ (1994 von Papst Johannes Paul II. zum Kardinal ernannt) in der Via della Conciliazione in Rom am Abschlußtag des II. Vatikanischen Konzils (8. 12. 1965)

sammengerufenen Väter 1967 abgelehnt worden ist. Daß manche (oder viele?) Liturgiker, die als Berater wirkten, von vornherein weitergehende Absichten hatten, kann man inzwischen manchen Veröffentlichungen entnehmen; eine Zustimmung der Väter hätten sie zu solchen Wünschen sicher nicht gefunden. Im Text des Konzils waren sie auch in keiner Weise ausgedrückt, obwohl man sie nachträglich in manche Generalklauseln hineinlesen kann.

Die Liturgiedebatte war friedlich und ohne tiefergehende Spannungen verlaufen. Eine dramatische Auseinandersetzung begann mit der Vorlage des Dokuments über »Die Quellen der Offenbarung«, das nun beraten werden sollte. Mit den »Quellen der Offenbarung« waren Schrift und Überlieferung gemeint; ihr Verhältnis zueinander und zum Lehramt war solide in den Formen der nachtridentinischen Scholastik nach der Weise der gängigen Lehrbücher behandelt. Inzwischen hatte die historisch-kritische Methode der Bibelauslegung auch in der katholischen Theologie ihren festen Platz erlangt. Diese Methode duldet ihrem Wesen nach an sich keine Einschränkung durch ein autoritatives Lehramt; sie kann keine andere Instanz als eben die des historischen Arguments anerkennen. Von ihr her war auch der Begriff der Überlieferung fragwürdig geworden, denn eine neben der Schrift herlaufende und bis auf die Apostel zurückreichende mündliche Überlieferung, die eine eigene Quelle historischer Erkenntnis neben der Bibel darstellen könnte, ist eben von der historischen Methode her nicht auszumachen: Das hatte ja schon den Disput um das Dogma der leiblichen Aufnahme Marias in den Himmel so schwierig und unlösbar gemacht.

So stand mit diesem Text das ganze Problem der modernen Bibelauslegung zur Debatte, aber überhaupt die Frage, wie sich Geschichte und Geist im Gefüge des Glaubens zueinander verhalten. Für die konkrete Gestalt der Debatte wurde ein vermeintlicher historischer Fund bestimmend, den der Tübinger Dogmatiker J.R. Geiselmann in den fünfziger Jahren gemacht zu haben glaubte. In den Akten des Trienter Konzils hatte er gefunden, daß man für das damalige Dekret über die Überlieferung zunächst die Formulierung vorgeschlagen hatte, die Offenbarung sei »teils in der Schrift, teils in der Überlieferung« enthalten. Im Endtext ist aber dieses »teils-teils« vermieden und durch ein »und« ersetzt: Schrift und Überlieferung vermitteln uns gemeinsam die Überlieferung. Daraus schloß Geiselmann, Trient habe lehren wollen, daß es keine Verteilung der Glaubensinhalte auf Schrift und Überlieferung gebe, daß vielmehr beide – Schrift und Überlieferung – je das Ganze enthielten, je in sich vollständig seien. Nun interessierte die angebliche oder wirkliche Vollständigkeit der Überlieferung in jenem Augenblick nicht; was aber interessierte, war die Nachricht, nach der Lehre von Trient enthalte die Schrift das ganze Glaubensgut vollständig. Man sprach von der »materialen Vollständigkeit« der Bibel in Glaubenssachen. Dieses Schlagwort, das nun allenthalben die Runde machte und als die große, neue Erkenntnis galt, löste sich alsbald von seinem Ausgangspunkt in der Auslegung des Trienter Dekrets. Als seine unumgängliche Konsequenz wurde jetzt angesehen, daß nichts von der Kirche gelehrt werden könne, was nicht ausdrücklich in der Schrift zu finden sei – denn die sei ja in Glaubenssachen vollständig. Und da man die Auslegung der Schrift und die historisch-kritische Exegese identifizierte, bedeutete dies, daß nichts von der Kirche gelehrt werden könne, was nicht vor der Instanz der historisch-kritischen Methode bestehen könne.

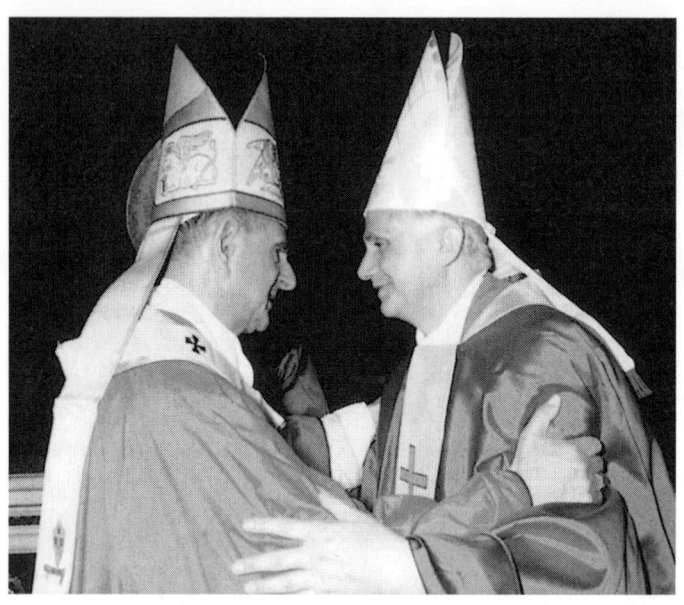

Paul VI. hatte den Regensburger Theologieprofessor Joseph
Ratzinger am 25. März 1977 überraschenderweise zum Nachfolger
des plötzlich verstorbenen Münchner Erzbischofs Kardinal Julius
Döpfner ernannt, und einen Monat nach seiner Bischofsweihe am
28. Mai 1977 erhielt er die Kardinalswürde mit dem Titel der
römischen Vorstadtpfarrei »S. Maria Consolatrice al Tiburtino«.
Die Aufnahme zeigt den jungen Erzbischof mit Papst Paul VI.
nach der feierlichen Konzelebration zum Fest Peter und Paul am
29. Juni 1977 in St. Peter in Rom.

Der neu ernannte Erzbischof von München und Freising
im April 1977

Am 24. Juni 1977 wird der neu ernannte Erzbischof in der alten Bischofsstadt Freising offiziell empfangen. Begrüßung durch den Oberbürgermeister Dr. Adolf Schäfer und Stadtpfarrer Walter Brugger

Das Wappen ist von der persönlichen Lebensgeschichte des Kardinals wie vom Lebensraum des Erzbistums München und Freising her bestimmt. Weil er sich dieser seiner Heimat weiterhin verbunden weiß, hat er es unverändert auch nach seiner Berufung nach Rom behalten. Der Mohrenkopf ist der »Freisinger Mohr«, das herkömmliche Wappen des alten Fürstbistums Freising, zugleich Wappen des 1817 neu eingerichteten Erzbistums München und Freising. Der Bär mit dem Packsattel wird gemeinhin als Korbiniansbär bezeichnet. Er soll hier die Verbundenheit mit dem Freisinger Patron ausdrücken und zugleich

als »Lastträger Gottes« die Bürde des Amtes symbolisieren. Die Muschel hat dreifachen Symbolwert: Einmal bezieht sie sich auf eine Augustinuslegende, die mit dem Symbol der ins Meer getauchten Muschel die Unerschöpflichkeit des Geheimnisses Gottes darstellen will. Dem großen Kirchenlehrer Augustinus widmete J. Ratzinger seine frühe theologische Forschung. Zum zweiten nimmt die Muschel als »Pilgermuschel« auf das pilgernde Gottesvolk Bezug, als dessen Hirte sich der Erzbischof versteht. Schließlich befand sich die Jakobsmuschel im Wappen des Schottenklosters (ca. 1640–1720) in Regensburg. Die Feldfarben im dritten Feld des Wappens in Silber und Blau deuten auf die Landesfarben von Bayern. Der Wappenspruch lautet »Cooperatores Veritatis« (»Mitarbeiter der Wahrheit«) und ist dem 3. Johannesbrief (Vers 8) entnommen.

In der Sakristei des Freisinger Doms am 9. Juli 1981 nach einem feierlichen Pontifikalgottesdienst mit Priestern des Weihejahrgangs 1956, die ihr silbernes Priesterjubiläum mit ihrem Erzbischof begehen (l. Pfarrer Dr. W. Brugger und r. Pfarrer Matthias Wögerbauer)

Mit Papst Johannes Paul II. während des ersten Deutschlandbesuches
am 18. November 1980 in Altötting

Begegnung des Papstes mit den Intellektuellen und Künstlern
im Herkulessaal der Münchner Residenz (19. 11. 1980)

113

Nach seiner Ernennung durch Papst Johannes Paul II. zum Präfekten der Kongregation für die Glaubenslehre am 25. November 1981 verzichtete Ratzinger am 15. Februar auf das Amt des Münchner Erzbischofs und wurde am 28. Februar 1982 von der Erzdiözese verabschiedet. Die Aufnahme entstand vor dem Portal des Münchner Liebfrauendoms.

Abschiedsempfang durch den Bayerischen Ministerpräsidenten Franz Josef Strauß in der Münchner Residenz mit dem damaligen Päpstlichen Nuntius Erzbischof Guido del Mestri (12. 2. 1982)

Eintragung ins goldene Buch der Bayerischen Staatskanzlei (12. 2. 1982)

115

Die nunmehr drei bayerischen Kardinäle anläßlich der Feierlichkeiten der Erhebung von Kardinal Wetter und Kardinal Mayer in den Kardinalsrang (26. 5. 1985). Von r. nach l. Kardinal Paul Augustin Mayer O.S.B., früherer Abt von Metten und Präfekt der Kongregation für den Gottesdienst und die Disziplin der Sakramente, Kardinal Ratzinger und sein Nachfolger auf dem Münchner Bischofsstuhl, Kardinal Friedrich Wetter. Der vormalige Bischof von Speyer wurde am 28. 10. 1982 von Papst Johannes Paul II. zum Erzbischof von München und Freising ernannt und erhielt am 25. 5. 1985 die Kardinalswürde.

In seiner Eigenschaft als Präfekt der Kongregation für die Glaubenslehre wohnt Kardinal Ratzinger der Unterzeichnung des Dekretes zur Promulgierung des neuen Kirchlichen Gesetzbuches durch Papst Johannes Paul II. im Konsistorien-Saal des Vatikans bei. Die Vorbereitungen zur Revision des Kirchlichen Gesetzbuches hatten unter Papst Paul VI. begonnen und wurden am 25. 1. 1983 abgeschlossen. An der Endphase seiner Erarbeitung nahm Ratzinger teil.

Feierliche Dreikönigsvesper in St. Peter in München (6. 1. 1986), wo die lateinische Liturgie und der klassische Chorgesang besondere Pflege und Wertschätzung erfahren.

Palmsonntagsprozession auf dem Petersplatz in Rom (31. 3. 1985). Die Kardinäle ziehen mit dem Papst in Erinnerung des Einzugs Jesu in Jerusalem vom Obelisken im Zentrum des Platzes zum Hauptaltar vor der Fassade des Petersdoms

Drei Augenblicke der Überreichung des Großen Bundesverdienstkreuzes mit Stern und Schulterband durch Bundeskanzler Helmut Kohl am 24. Juni 1986 in der Residenz des Deutschen Botschafters beim Hl. Stuhl in Rom.

Bei der Ankunft am Flughafen der früheren Hauptstadt des
Inkareiches Cuzco wurde er vom Weihbischof der Erzdiözese,
Mons. Severo Aparicio Quispe, und von Abordnungen der
kirchlichen Verbände und Vereine begrüßt.

Auf dem Höhepunkt der Diskussion um die Theologie der Befreiung unternahm Kardinal Ratzinger eine Reise nach Peru, wo er mit der Bischofskonferenz des Landes ein Gespräch hatte. Die Katholische Universität von Lima verlieh ihm die Ehrendoktorwürde, und der Kardinal hielt einen viel beachteten Vortrag zum Thema »Freiheit und Befreiung« (19. 7. 1986). Anläßlich des 450jährigen Bestehens der Erzdözese Cuzco feierte er am 22. Juli in der Kathedrale der in 3400 m Höhe gelegenen Stadt ein feierliches Pontifikalamt. Am gleichen Tage spendete er in der Pfarrkirche von Urubamba im »Hl. Tal« der Inka 45 Jugendlichen das Sakrament der Firmung.

Linke Seite oben: **Auf der Fahrt nach Urubamba wurde bei den Ruinen von Sacsayhuamán ein Zwischenstop eingelegt. Links vom Kardinal der damalige Nuntius in Peru, Erzbischof Luigi Dossena, hinter dem Kardinal der Erzbischof von Cuzco, Mons. Aleides Mendoza Castro, mit dem Sekretär des Kardinals, Msgr. Dr. Josef Clemens.**

Linke Seite unten und rechte Seite: **Ausflug mit der Eisenbahn über Ollantaytambo nach Machu Picchu, der Inka-Stadt im Urwald, Juli 1986**

Der Kardinal nach der Festrede und der Verleihung des Großen Leopold-Kunschak Preises im Wiener Raiffeisenhaus (12. März 1991) in Begleitung von Bundespräsident Dr. Kurt Waldheim, Präsident Univ.-Prof. Dr. Herbert Schambeck, des Apostolischen Nuntius in Österreich, Erzbischof Dr. Donato Squicciarini, von Bundesminister Dr. Alois Mock, Kardinal Franz König und seines Sekretärs, Msgr. Dr. Clemens (von l. nach r.)

links und rechte Seite:
Bildfolge eines Besuchs bei Freunden in der Domaine »La Bergerie« bei Annecy in Savoyen, September 1988

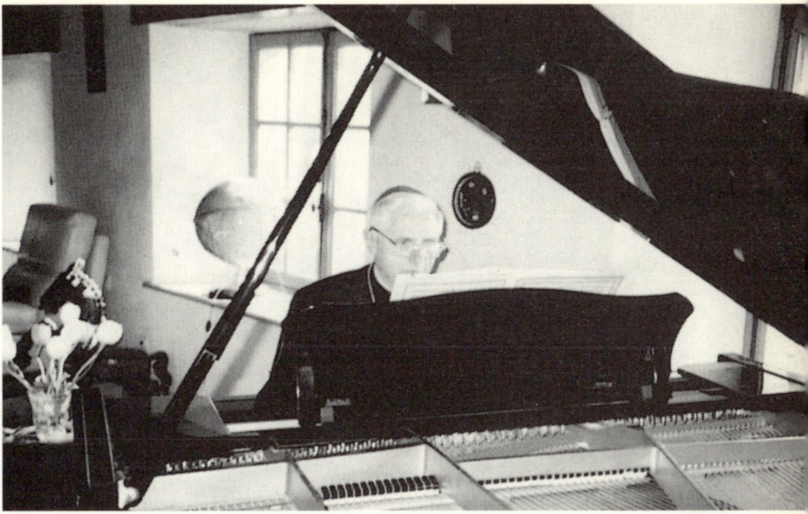

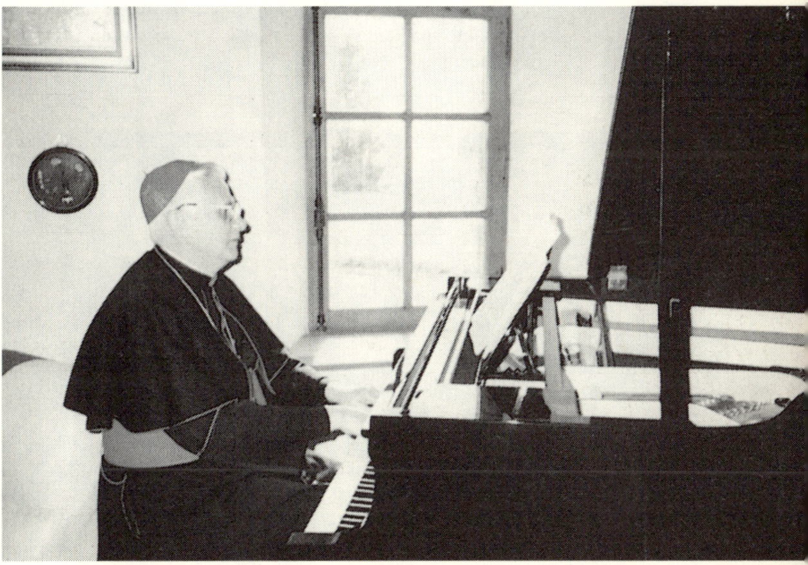

Die deutschsprachige Kolonie Roms feierte am 30. 10. 1988 mit
Papst Johannes Paul II. den zehnten Jahrestag seiner Wahl zum
264. Nachfolger auf dem Stuhl des Hl. Petrus. Kardinal Ratzinger
zelebriert mit den Kardinälen Paul Augustin Mayer O.S.B. und
Alfons Stickler S.D.B. am Hauptaltar von St. Peter in Anwesenheit
des Papstes den Dankgottesdienst und hält die Predigt.

Dank des Papstes an den Kardinal (unten)

Damit war Luthers Sola scriptura (»allein die Schrift«), um das es in Trient gegangen war, weit in den Schatten gestellt. Denn das bedeutet, daß die Exegese nun die letzte Instanz in der Kirche werden sollte, und da es vom Wesen menschlicher Vernunft und historischer Arbeit her Einstimmigkeit unter den Auslegern so schwieriger Texte nicht geben kann (weil da immer erkannte oder unerkannte Vorentscheidungen im Spiele sind), mußte dies bedeuten, daß der Glaube sich ins Unbestimmte und ständig Wechselnde historischer oder scheinhistorischer Hypothesen zurückzog: daß glauben nun so viel wie meinen bedeutete und ständiger Revision unterlag. Natürlich mußte das Konzil dieser so entfalteten Theorie widerstehen, aber das Schlagwort von der »materialen Vollständigkeit« samt all seinen Konsequenzen war im öffentlichen kirchlichen Bewußtsein weithin stärker als der tatsächliche Endtext des Konzils. Das Drama der nachkonziliaren Epoche ist weitgehend von diesem Schlagwort und seinen logischen Konsequenzen bestimmt worden.

Ich persönlich hatte Geiselmanns These im Frühjahr 1956 bei der schon erwähnten Dogmatiker-Tagung in Königstein kennengelernt, bei der der Tübinger Gelehrte erstmals diesen seinen vermeintlichen Fund vortrug (den er selber übrigens nicht zu den eben geschilderten Konsequenzen hin ausweitete, die sich erst in der Konzilspropaganda so entfaltet haben). Zunächst war ich fasziniert, aber sehr bald ging mir auf, daß das große Thema Schrift und Überlieferung auf so einfache Weise nicht gelöst werden könne. Ich habe dann selber die Trienter Akten eingehend studiert und gesehen, daß die von Geiselmann zum zentralen Punkt gemachte redaktionelle Veränderung nur ein unbedeutender Nebenaspekt im Ringen der Väter gewesen ist, das viel tiefer ging und viel weiter in die Grundfrage hinableuchtete, wie Offenbarung in Menschenwort und schließlich in geschriebenes Wort eingehen könne. Dabei halfen mir die Erkenntnisse, die ich bei meinen Studien über den Offenbarungsbegriff Bonaventuras gewonnen hatte. Ich fand, daß die Grundrichtung in der Auffassung von Offenbarung bei den Vätern von Trient im wesentlichen noch dieselbe wie im hohen Mittelalter geblieben war. Von diesen Erkenntnissen her, die ich hier natürlich nicht weiter entwickeln kann, waren meine Einwände gegen das vorgelegte Konzilsschema ganz anderer Art als die Thesen Geiselmanns und ihre Vergröberung im aufgeregt werdenden Konzilsklima.

Das Wesentliche möchte ich aber doch noch einmal andeuten: Offenbarung, das heißt das Zugehen Gottes auf den Menschen, ist immer größer als das, was in Menschenworte gefaßt werden kann, größer auch als die Worte der Schrift. Wie schon im Zusammenhang mit meinen Bonaventura-Arbeiten gesagt, wäre es im Mittelalter und in Trient unmöglich gewesen, die Schrift einfach als »die Offenbarung« zu bezeichnen, wie es heute gängiger Sprachgebrauch ist. Die Schrift ist das wesentliche Zeugnis von der Offenbarung, aber Offenbarung ist etwas Lebendiges, größer und mehr – zu ihr gehört auch das Ankommen und das Vernommenwerden, sonst ist sie eben nicht Offenbarung geworden. Die Offenbarung ist nicht ein auf die Erde gefallener Meteor, der nun als eine Gesteinsmasse irgendwo herumliegt, wovon man Gesteinsproben nehmen, ins Labor tragen und dort analysieren kann. Die Offenbarung hat Werkzeuge, aber sie ist nicht vom lebendigen Gott ablösbar, und sie verlangt immer nach dem lebendigen Menschen, bei dem sie ankommt. Ihr Ziel ist es immer, die Menschen zu versammeln, zu vereinigen – darum gehört Kirche zu ihr.

Wenn es aber diesen Überhang von Offenbarung über Schrift hinaus gibt, dann kann nicht Gesteinsanalyse – historisch-kritische Methode – das letzte Wort über sie sein, sondern dann gehört der lebendige Organismus des Glaubens aller Jahrhunderte zu ihr. Genau diesen Überhang von Offenbarung über Schrift, den man nicht noch einmal in einen Kodex von Formeln fassen kann, nennen wir »Überlieferung«. In der allgemeinen Stimmung von 1962, die sich der Thesen Geiselmanns in der geschilderten Form bemächtigt hatte, war es mir unmöglich, diese meine aus den Quellen gewonnene Sicht deutlich zu machen, mit der ich im übrigen ja schon 1956 nicht verstanden worden war. Meine Position wurde einfach der allgemeinen Gegenstellung gegen das offizielle Schema beigezählt und als eine weitere Stimme in Richtung Geiselmann gewertet.

Auf Wunsch von Kardinal Frings habe ich damals ein kleines Schema zu Papier gebracht, in dem ich meine Sicht auszudrücken versuchte; ich konnte den Text in seinem Beisein einer Anzahl von angesehenen Kardinälen vorlesen, die ihn interessant fanden, aber selbstverständlich im Augenblick kein Urteil darüber abgeben wollten und konnten. Nun war mein kleiner Versuch in großer Eile niedergeschrieben worden und konnte es natürlich an Solidität und Gründlichkeit nicht von ferne mit dem amtlichen Schema aufnehmen, das in einem langen Prozeß der Bearbeitungen entstanden und durch viele Revisionen kompetenter Gelehrter gegangen war. Es war klar, der Text mußte weiter bearbeitet und vertieft werden. Dazu waren auch andere Augen und Hände nötig. So wurde vereinbart, daß ich mit Karl Rahner zusammen eine zweite, vertiefte Fassung erstellen sollte. Dieser zweite Text, der weit mehr auf das Konto Rahners als auf meines geht, ist dann unter den Vätern verbreitet worden und hat zum Teil erbitterte Reaktionen hervorgerufen. Bei der gemeinsamen Arbeit wurde mir klar, daß Rahner und ich trotz der Übereinstimmung in vielen Ergebnissen und Wünschen theologisch auf zwei verschiedenen Planeten lebten. Für liturgische Reform, für eine neue Stellung der Exegese in Kirche und Theologie und für vieles andere trat er ein wie ich, aber aus ganz anderen Gründen. Seine Theologie war – trotz der Väterlektüre seiner frühen Jahre – ganz von der Tradition der suarezianischen Scholastik und ihrer neuen Rezeption im Licht des deutschen Idealismus und Heideggers geprägt. Es war eine spekulative und philosophische Theologie, in der Schrift und Väter letztlich keine große Rolle spielten, in der überhaupt die geschichtliche Dimension von geringer Bedeutung war. Ich war hingegen von meiner Bildung her ganz von Schrift und Vätern und von einem wesentlich geschichtlichen Denken bestimmt: Der ganze Unterschied zwischen der Münchener Schule, durch die ich gegangen war, und derjenigen Rahners ist mir in jenen Tagen klargeworden, auch wenn es noch einige Zeit dauerte, ehe die Trennung unserer Wege nach außen sichtbar wurde.

Nun, es war klar, daß das Rahner-Schema nicht angenommen werden konnte, aber auch der offizielle Text verfiel mit einem knappen Stimmenverhältnis der Ablehnung. So mußte das Thema zurückgestellt werden. Nach einem komplizierten Ringen konnte erst in der letzten Konzilsperiode die Konstitution über das Wort Gottes verabschiedet werden – einer der herausragenden Texte des Konzils, der freilich noch nicht wirklich rezipiert ist. Zur Wirkung kam zunächst praktisch nur das, was ins öffentliche Bewußtsein als die vermeintliche neue Erkenntnis der Väter durchgesickert war. Die Aufgabe, die tatsächliche Aussage des Konzils dem kirchlichen Bewußtsein mitzuteilen und es von da aus zu formen, liegt noch vor uns.

Inzwischen aber war eine schwierige persönliche Entscheidung auf mich zugekommen. Der große und mir trotz des Altersunterschieds befreundete Münsteraner Dogmatiker Hermann Volk war im Sommer 1962 Bischof von Mainz geworden. Nun erging an mich der Ruf auf seinen Lehrstuhl. Ich liebte das Rheinland, ich liebte meine Studenten und meine Arbeit an der Universität Bonn; durch Kardinal Frings war ich noch zusätzlich dieser Aufgabe verpflichtet. Aber Bischof Volk drängte, und Freunde redeten mir mit großem Nachdruck zu, daß für mich doch die Dogmatik das Richtige sei und mir ein viel weiteres Wirkungsfeld eröffne als die Fundamentaltheologie; meine Vorbildung von Schrift und Vätern her könne dort viel besser zur Wirkung kommen. So wurde die scheinbar so einfache Entscheidung doch schwierig, aber nach allem Hin und Her entschloß ich mich, in Münster abzusagen. Es hätte das letzte Wort in dieser Sache sein sollen, aber ein Stachel war in mir zurückgeblieben, der nun schmerzte, als ich in der sehr spannungsgeladenen Bonner Fakultät mit zwei Promotionen auf erhebliche Widerstände stieß, die aller Wahrscheinlichkeit nach mit einem Scheitern für die beiden jungen Gelehrten endigen konnten. Ich dachte an das Drama meiner eigenen Habilitation zurück und sah in Münster den mir von der Vorsehung gewiesenen Weg, den beiden helfen zu können. Das war um so einleuchtender, als auch in anderen Fällen noch ähnliche Schwierigkeiten zu erwarten standen, die ich in Münster bei der dortigen Konstellation nicht zu fürchten brauchte. Zusammen mit der vorher beiseite gelegten Argumentation von meiner größeren Nähe zur Dogmatik wurden diese Gründe zu einer Macht, der ich mich beugte. Ich hatte darüber natürlich auch mit Kardinal Frings gesprochen und kann auch nachträglich für sein väterliches Verstehen und seine menschliche Großzügigkeit nur dankbar sein. So begann ich im Sommer 1963 meine Vorlesungstätigkeit in Münster mit einer großzügigen personellen und sachlichen Ausstattung. Die Aufnahme durch das Kollegium war überaus herzlich, die Bedingungen hätten kaum günstiger sein können. Aber ich muß gestehen, daß mir doch ein Heimweh nach Bonn, nach der Stadt am Strom, ihrer Heiterkeit und ihrer geistigen Dynamik geblieben ist.

Das Jahr 1963 brachte aber auch noch einen weiteren tiefen Einschnitt in mein Leben. Schon seit Januar war meinem Bruder aufgefallen, daß Mutter immer weniger Speisen zu sich nehmen konnte. Mitte August erhielten wir vom Arzt die traurige Gewißheit, daß Magenkrebs vorlag, der nun recht schnell und unerbittlich seinen Weg nahm. Bis Ende Oktober führte sie mit letzter Kraft, schon zu Haut und Knochen abgemagert, meinem Bruder den Haushalt, bis sie beim Einkaufen in einem Geschäft zusammenbrach und dann das Krankenlager nicht mehr verlassen konnte. Wir haben bei ihr ganz Ähnliches wie bei Vater erlebt. Ihre Güte war noch reiner und strahlender geworden und leuchtete auch durch die Wochen wachsender Schmerzen unverändert hindurch. Am Tag nach dem Gaudete-Sonntag, dem 16. Dezember 1963, schloß sie für immer die Augen, aber das Leuchten ihrer Güte ist geblieben und für mich immer mehr zu einer Verifizierung des Glaubens geworden, von dem sie sich hatte formen lassen. Ich wüßte keinen überzeugenderen Glaubensbeweis als eben die reine und lautere Menschlichkeit, in die der Glaube meine Eltern und so viele andere Menschen, denen ich begegnen durfte, hat reifen lassen.

Münster und Tübingen

Fast unmittelbar nach dem Heimgang der guten Mutter, im Februar 1964, wurde mein Bruder zum Nachfolger von Theobald Schrems als Domkapellmeister zu Regensburg und damit als Leiter der weltberühmten Regensburger Domspatzen berufen. So war die Traunsteiner Idylle ein für allemal abgeschlossen, und Regensburg, die alte Reichsstadt an der Donau, die bisher eher am Rand unseres Lebenskreises gelegen war, wurde nun für uns zum gemeinsamen Bezugspunkt; dort trafen wir uns in den Ferien, und immer mehr durften wir uns dort zu Hause fühlen. Einstweilen aber ging das Konzil weiter, ich lebte und arbeitete geteilt zwischen Münster und Rom. Das Interesse an der Theologie, das vorher in Deutschland schon groß gewesen war, wuchs noch unter dem Eindruck der häufig erregenden Nachrichten über die Dispute der Väter. Von Mal zu Mal fand ich, aus Rom zurückkehrend, die Stimmung in der Kirche und unter den Theologen aufgewühlter. Immer mehr bildete sich offenbar der Eindruck, daß eigentlich nichts fest sei in der Kirche, daß alles zur Revision stehe. Immer mehr erschien das Konzil wie ein großes Kirchenparlament, das alles ändern und alles auf seine Weise neu gestalten könne. Ganz deutlich war das Anwachsen des Ressentiments gegen Rom und gegen die Kurie, die als der eigentliche Feind alles

Neuen und Vorwärtsweisenden erschien. Das Ringen des Konzils wurde immer mehr unter dem Parteienschema des modernen Parlamentarismus dargestellt. Wer so informiert wurde, sah sich gezwungen, selbst Partei zu ergreifen. Auch wenn in Deutschland im großen und ganzen noch immer eine fast ungeteilte Zustimmung zu den Kräften der Erneuerung bestand, so begannen sich die Spaltungen, die dem Konzil nachgesagt wurden, doch allmählich auch in der kirchlichen Landschaft der Heimat abzuzeichnen.

Aber es gab da noch einen tiefer reichenden Vorgang. Wenn die Bischöfe in Rom die Kirche, ja, den Glauben ändern können (so schien es ja), warum eigentlich nur die Bischöfe? Man kann ihn jedenfalls ändern, so schien es nun gegenüber allem bisher Gedachten; er schien menschlicher Entscheidungsmacht nicht mehr entzogen, sondern wurde allem Anschein nach von ihr festgelegt. Nun wußte man, daß die Bischöfe das Neue, das sie jetzt vortrugen, von den Theologen lernten: Für die Gläubigen war es ein merkwürdiges Phänomen, daß ihre Bischöfe in Rom ein anderes Gesicht zu zeigen schienen als zu Hause. Hirten, die bisher als streng konservativ gegolten hatten, erschienen plötzlich als Wortführer des Progressismus – doch wohl nicht aus Eigenem? Die Rolle, die die Theologen auf dem Konzil übernommen hatten, schuf immer deutlicher ein neues Selbstbewußtsein unter den Gelehrten, die sich als die wahren Sachwalter der Erkenntnis verstanden und darum nicht mehr den Hirten untergeordnet erscheinen konnten. Denn wie sollten die Bischöfe als Lehramt über den Theologen walten können, wenn sie doch ihre Einsichten nur von den Spezialisten erhielten und sie auf die Wegweisung durch die Gelehrten angewiesen waren? Luther hatte seinerzeit das Priesterkleid durch die Robe des Gelehrten ersetzt, um zu zeigen, daß die Schriftgelehrten in der Kirche die wahren Entscheidungsträger sind; dieser Umbruch war dann freilich durch die Maßgeblichkeit des Bekenntnisses wieder gedämpft worden. Das Bekenntnis war Maßstab auch für die Wissenschaft. Aber nun stand das alles in der katholischen Kirche, jedenfalls in ihrem öffentlichen Bewußtsein, erneut zur Revision an, und auch das Bekenntnis schien nicht mehr unantastbar, sondern der Kontrolle durch die Gelehrten unterworfen. Hinter dieser Tendenz zur Herrschaft der Spezialisten war aber schon das andere zu spüren, die Idee einer kirchlichen Volkssouveränität, in der das Volk selbst bestimmt, was es unter Kirche verstehen will, die ja nun ganz deutlich als Volk Gottes definiert schien. Die Idee der »Kirche von unten«, der »Kirche des Volkes«, die dann besonders im Kontext der Befreiungstheologie zum Reformziel wurde, kündigte sich an.

Wenn ich nach der Heimkehr von der ersten Konzilsperiode noch von dem Gefühl des freudigen Aufbruchs ganz getragen wurde, das überall herrschte, so wurde ich von der Veränderung des kirchlichen Klimas, die immer offenkundiger wurde, tief beunruhigt. In einem Vortrag über wahre und falsche Erneuerung der Kirche, den ich an der Münsteraner Universität hielt, habe ich ein erstes Warnsignal zu setzen versucht, das aber kaum beachtet wurde. Nachdrücklicher wurde ich dann in meiner Rede auf dem Bamberger Katholikentag 1966, so daß Kardinal Döpfner sich über die »konservativen Streifen« wunderte, die er darin wahrgenommen zu haben glaubte. Vorerst aber stand für mich wieder eine persönliche Änderung an. Ich hatte in Münster, wie schon gesagt, eine Aufnahme und eine Wertschätzung im Kollegium der Fakultät, einen Zuspruch der Hörerschaft und eine Ausstattung gefunden, wie ich sie mir besser überhaupt nicht wünschen konnte. Ich begann, diese schöne und noble Stadt immer mehr zu lieben, aber es gab doch einen negativen Aspekt: die übergroße Entfernung von der bayerischen Heimat, an die ich innerlich zutiefst gebunden war und bin. Es zog mich nach dem Süden. So war die Versuchung unwiderstehlich, als die Universität Tübingen, die mir schon 1959 den Lehrstuhl für Fundamentaltheologie angeboten hatte, mich nun auf den neu errichteten zweiten Lehrstuhl für Dogmatik berief. Hans Küng hatte sich mit Nachdruck für diese Berufung eingesetzt und dafür die Zustimmung auch der übrigen Kollegen gefunden. Ihn hatte ich 1957 auf der Dogmatiker-Tagung zu Innsbruck kennengelernt, gerade als ich meine Rezension seiner Doktorarbeit über Karl Barth abgeschlossen hatte. Ich hatte manche Frage an dieses Buch zu stellen, dessen theologischer Stil nicht der meine war, aber ich hatte es doch mit Genuß gelesen und Respekt für den Autor gewonnen, dessen sympathische Offenheit und Unkompliziertheit mir gefiel. So war ein gutes persönliches Verhältnis entstanden, auch wenn sich bald nach der Rezension seines Buches eine schon etwas ernstere Kontroverse über die Theologie des Konzils zwischen uns ergab. Aber wir beide betrachteten dies als rechtmäßige Unterschiede in theologischen Positionen, die zum fruchtbaren Vorangehen des Denkens notwendig sind, und fühlten unsere persönliche Sympathie, unsere Fähigkeit zur Kooperation durch solche Unterschiede durchaus nicht beeinträchtigt.

Im weiteren Fortgehen der theologischen und kirchlichen Entwicklung spürte ich, daß unsere Wege wohl noch weiter auseinandergehen würden, dachte aber doch, daß der grundlegende Konsens katholischer Theologen davon unberührt bleiben würde. Ich muß sagen, daß ich mich seiner

Arbeit zu jenem Zeitpunkt näher fühlte als derjenigen von J.B. Metz, der auf meinen Rat hin auf den Münsteraner Lehrstuhl für Fundamentaltheologie berufen worden war. Ich fand das Gespräch mit ihm immer äußerst anregend, aber als sich die Richtung auf die politische Theologie hin abzeichnete, sah ich doch einen Gegensatz heraufziehen, der tief gehen konnte. Wie dem auch sei, ich entschloß mich, Tübingen anzunehmen – der Süden lockte, aber auch die große Geschichte der Theologie an dieser schwäbischen Universität, in der außerdem interessante Begegnungen mit bedeutenden evangelischen Theologen zu erwarten waren.

Bereits im Sommersemester 1966 habe ich dort meine Vorlesungstätigkeit aufgenommen, in ziemlich schlechtem Gesundheitszustand übrigens, nach den Überforderungen der Konzilszeit, des Konzilsschlusses und dem anfänglichen Pendeln zwischen Münster und Tübingen. Einerseits empfand ich den Zauber der schwäbischen Kleinstadt sehr stark, andererseits war ich angesichts der nicht gerade üppigen räumlichen Ausstattung, in der alles ein wenig eng und sparsam erschien, nach der Großzügigkeit von Münster doch ein wenig enttäuscht. Die Fakultät war hochrangig besetzt, aber konfliktfreudig, und auch das war ich nicht mehr gewöhnt; allerdings muß ich sagen, daß ich mit allen Kollegen zu einem guten Verhältnis gekommen bin. Die »Zeichen der Zeit«, die ich in Münster immer mehr gespürt hatte, wurden zusehends dramatischer. Anfangs beherrschte die Theologie Rudolf Bultmanns noch ganz das allgemeine Klima – in der Abwandlung, die Ernst Käsemann ihr gegeben hatte. Meine Christologie-Vorlesung im Winter 66/67 war ganz auf diese Gesprächslage abgestellt. 1967 konnten wir noch glanzvoll das 150-jährige Bestehen der Katholisch-Theologischen Fakultät feiern, aber es war auch das letzte akademische Fest alten Stils. Fast schlagartig änderte sich das weltanschauliche »Paradigma«, von dem her die Studenten und ein Teil der Dozenten dachten. Hatten bisher Bultmanns Theologie und Heideggers Philosophie den Rahmen des Denkens bestimmt, so brach das existentialistische Schema fast über Nacht zusammen und wurde durch das marxistische ersetzt. Ernst Bloch lehrte nun in Tübingen und machte Heidegger als einen kleinen Bourgeois verächtlich; in die Evangelisch-Theologische Fakultät wurde ungefähr gleichzeitig mit meinem Kommen Jürgen Moltmann berufen, der in seinem faszinierenden Buch »Theologie der Hoffnung« Theologie neu und ganz anders von Bloch her konzipiert hatte.

Der Existentialismus zerfiel, und die marxistische Revolution zündete in der ganzen Universität, erschütterte sie in ihren Grundfesten. Jahre zuvor hätte man erwarten dürfen, die Theologischen Fakultäten würden ein Bollwerk gegen die marxistische Versuchung bedeuten. Nun war das Gegenteil der Fall: Sie wurden zum eigentlichen ideologischen Zentrum. Die Aufnahme des Existentialismus in die Theologie, wie Bultmann sie vollzogen hatte, war für die Theologie nicht ungefährlich gewesen. Ich hatte, wie gesagt, in meiner Christologie gegen die existentialistische Reduktion anzukämpfen versucht und da und dort – besonders auch in der Gotteslehre, die ich alsbald vorzutragen hatte – sogar Gegengewichte vom marxistischen Denken her gesetzt, das ja von seiner jüdisch-messianischen Wurzel her durchaus auch biblische Motive verwahrt. Aber die Zerstörung der Theologie, die nun durch ihre Politisierung im Sinn des marxistischen Messianismus vor sich ging, war ungleich radikaler, gerade weil sie auf der biblischen Hoffnung basierte und sie nun dadurch verkehrte, daß die religiöse In-

Der Kardinal hält am 15. Oktober 1989 anläßlich der Verleihung des Kulturpreises des Bezirks Oberbayern an die bayerische Bildhauerin Christine Stadler die Laudatio auf die befreundete Künstlerin im Dachauer Schloß.

Zum Abschluß eines theologischen Kurses für hundert brasilianische Bischöfe unternimmt der Kardinal eine Schiffsrundfahrt in der Bucht vor Rio de Janeiro (Juli 1990).

Picknick mit einer befreundeten Familie im Naturschutzpark »Valle del Treja« in der Nähe Roms. Mai 1990

Kardinal Ratzinger nach einem Gottesdienst während des Urlaubs vor dem Brixener Dom mit seinen Geschwistern Georg und Maria.

Der Kardinal mit seiner Schwester vor dem Eingang zu seiner Wohnung in Rom, Mai 1990

Nach der Vollendung des 65. Lebensjahres unternahm Kardinal
Ratzinger zum Osterfest eine Dankwallfahrt ins Hl. Land. Die Auf-
nahme entstand vor der Grabeskirche am Ostersonntag nach dem im
Hl. Grab gefeierten Auferstehungsgottesdienst im April 1992.

Linke Seite: Der Kardinal zelebriert am Cathedra-Altar von St. Peter am 26. April 1987 mit den Pilgern aus der Heimat einen Abschlußgottesdienst vor ihrer Heimreise nach Bayern. Mit dem Kardinal konzelebrieren der Münchner Weihbischof Franz Schwarzenböck und der Unterwössener Pfarrer Msgr. Franz Niegel.

Anläßlich des 60. Geburtstages Pontifikalgottesdienst in der römischen Titelkirche.

145

Linke Seite und oben: **Sonderaudienz mit Papst Johannes Paul II. für die 900 bayerischen Landsleute und römischen Gratulanten in der »Aula delle Benedizioni« am 25. 4. 1987 im Vatikan.**

Auf der Sonderaudienz überreicht der 13jährige Peter Poremba aus Unterwössen Papst Johannes Paul II. als Gruß der bayerischen Pilger einen Blumenstrauß (unten)

Abschreiten der Ehrenkompanie der Bayerischen Gebirgsschützen,
begleitet vom Landeshauptmann Andreas Stadler, vor der Titelkirche
des Kardinals Santa Maria Consolatrice im römischen Arbeiterviertel
Casal Bertone

Als Zeichen der Anerkennung und Dankbarkeit des Vatikans für
den zu Weihnachten 1986 gestifteten Christbaum des Petersplatzes
macht der Kardinal im folgenden Sommer einen Gegenbesuch in
Waldmünchen und nimmt an den Trenck-Festspielen teil
(August 1987)

Die Verbundenheit mit seinen bayerischen Landsleuten und seine Liebe zur Heimat finden ihren Ausdruck in vielen Einladungen und regelmäßigen Besuchen des Kardinals. So nimmt er in Partenkirchen an der Feier des 40jährigen Priesterjubiläums von Prof. Dr. Alfred Läpple teil, einem langjährigen Freund und Weggefährten und ehemaligen Professor für Religionspädagogik an der Universität Salzburg. Den Kardinal begleiten zum Gottesdienst der Jubilar und der Partenkirchener Pfarrer Leonhard Winkler (rechts)

brunst beibehalten, aber Gott ausgeschaltet und durch das politische Handeln des Menschen ersetzt wurde. Die Hoffnung bleibt, aber an die Stelle Gottes tritt die Partei und damit ein Totalitarismus einer atheistischen Anbetung, die ihrem falschen Gott alle Menschlichkeit zu opfern bereit ist. Ich habe das grausame Antlitz dieser atheistischen Frömmigkeit unverhüllt gesehen, den Psycho-Terror, die Hemmungslosigkeit, mit der man jede moralische Überlegung als bürgerlichen Rest preisgeben konnte, wo es um das ideologische Ziel ging. Das alles ist an sich aufregend genug, aber zur unerbittlichen Herausforderung an den Theologen wird es dann, wenn die Ideologie namens des Glaubens vorgetragen und die Kirche als ihr Instrument benützt wird. Die blasphemische Art, in der nun das Kreuz als Sadomasochismus verhöhnt wurde, die Heuchelei, mit der man sich – wenn nützlich – weiterhin als gläubig ausgab, um die Instrumente für die eigenen Ziele nicht zu gefährden, das alles konnte und durfte man nicht verniedlichen oder wie irgendeine akademische Auseinandersetzung ansehen. Da ich auf der Höhe der Auseinandersetzungen Dekan meiner Fakultät, Mitglied des Großen und des Kleinen Senats und Mitglied der Grundordnungsversammlung war, habe ich dies alles hautnah erlebt.

Natürlich gab es weiterhin viele ganz normale Theologiestudenten. Es war eigentlich ein kleiner Kreis von Funktionären, der die Entwicklung in die geschilderte Richtung trieb. Aber dieser Kreis bestimmte das Klima. Ich habe nie Schwierigkeiten mit den Studenten gehabt, sondern in der Vorlesung immer zu einer großen Zahl aufmerksamer Hörer sprechen können. Aber es wäre mir als Verrat erschienen, mich in die Ruhe meines Hörsaals zurückzuziehen und das übrige den anderen zu überlassen. Die Lage war in der Evangelisch-Theologischen Fakultät wesentlich dramatischer als in der unsrigen. Aber wir saßen doch in einem Boot. Ich habe mich damals mit zwei evangelischen Theologen, dem Patristiker Ulrich Wickert und dem Missionstheologen Wolfgang Beyerhaus, zu einem Aktionsbündnis zusammengetan. Wir sahen, daß die bisherigen konfessionellen Kontroversen geringen Ranges waren gegenüber der Herausforderung, vor der wir jetzt standen und in der wir gemeinsam den Glauben an den lebendigen Gott und an Christus, das menschgewordene Wort, zu vertreten hatten. Die Freundschaft mit diesen beiden Kollegen bleibt eines der unverlierbaren Erbstücke der Tübinger Jahre. Wickert hat übrigens bald einen ähnlichen Entscheid gefällt wie ich: Er mochte nicht ständig in einem Klima des Kampfes leben und hat einen Ruf an die Kirchliche Hochschule Berlin angenommen, um in einem weniger erregten Milieu seine Theologie weiterführen zu können. Beyerhaus, der wohl von Natur her kämpferischer ist als wir beide, wurde zum Wortführer der Evangelikalen und hat seine Kämpfe von diesem tragenden Hintergrund her durchgestanden.

Vielleicht muß ich aber doch, ehe ich zur nächsten Etappe meines Weges komme, noch einmal sagen, daß in alledem auch viel normale und fruchtbare Arbeit geleistet werden konnte. Da 1967 Hans Küng die dogmatische Hauptvorlesung hielt, war ich frei, ein seit zehn Jahren im stillen gehegtes Projekt endlich zu verwirklichen. Ich wagte mich an eine Vorlesung für Hörer aller Fakultäten, die ich unter den Titel »Einführung in das Christentum« stellte. Daraus ist dann ein Buch geworden, das in 17 Sprachen übersetzt wurde und nicht nur in Deutschland eine große Zahl von Auflagen erreichte; es wird noch immer gelesen. Daß es manche Mängel hat, war und ist mir sehr bewußt, aber daß ich vielen Menschen damit eine Tür öffnen konnte, ist mir eine Genugtuung und auch ein Anlaß, Tübingen zu danken, in dessen Atmosphäre die Vorlesung entstanden ist.

Die Regensburger Jahre

Inzwischen war 1967 ein uralter Plan endlich Wirklichkeit geworden: Der Freistaat Bayern hatte in Regensburg seine vierte Landesuniversität errichtet. Gleich von Anfang an dachte man daran, mich für die Dogmatik zu gewinnen, aber ich winkte ab, nicht nur weil ich selber dem vom Ministerium eingesetzten Berufungsausschuß zugehörte und daher keine Interessenvermischungen dulden durfte, sondern auch, weil ich der Wanderschaft müde war und endlich auf eine Phase ruhiger Arbeit in Tübingen hoffte. So war der ehemalige Bonner Kollege Auer, ein geborener Regensburger, den ich bereits aus meiner Münchener Studentenzeit kannte, in seine Heimatstadt gegangen und hat dort noch einmal sehr fruchtbare Jahre verbringen können. Als Ende 1968 oder Anfang 1969 ein zweiter Lehrstuhl für Dogmatik in Regensburg errichtet wurde, fühlte man erneut bei mir vor. Noch war ich Dekan, aber die zermürbenden Auseinandersetzungen, die ich in den akademischen Gremien erlebte, hatten meine Einstellung verändert; ich zeigte Bereitschaft. So erging 1969 der Ruf nach Regensburg an mich, den ich annahm, weil ich – ähnlich wie Wickert – meine Theologie in einem weniger aufregenden Kontext weiterentwickeln und mich nicht in ein ständiges Kontra hineindrängen lassen wollte. Daß mein Bruder in Regensburg wirkte und so die Familie wieder an einem Ort beisammen sein konnte, war ein weiteres Motiv für den neuerlichen Wechsel, der aber nun – das war mir klar – ganz entschieden der letzte sein mußte.

Der Anfang war nicht leicht. Die Universitätsbauten waren erst im Entstehen, und ein Teil unserer Arbeit vollzog sich noch in dem alten Gebäude der Theologischen Hochschule, das ehedem das Kloster der Predigerbrüder zu Regensburg gewesen war. Mit seinem Kreuzgang, seinen gewundenen Gängen und der daran anschließenden gotischen Dominikanerkirche bot es eine eigene Atmosphäre. Die Studenten mußten erst ins universitarische Leben hineinwachsen, und die einzelnen Fakultäten gewannen erst nach und nach ihr Profil. Natürlich schlugen die Wogen der marxistischen Revolte auch in unsere junge Alma Mater hinein; besonders im Kreis der Assistenten gab es durchaus selbstbewußte linke Flügelmänner. Aber die Universität gewann doch recht schnell Gestalt, und es gelang, profilierte Professoren an die Donau zu holen, so daß sich bald wieder Freundschaften über die Fakultätsgrenzen hinaus, besonders in die Juristische, die Philosophische und die Naturwissenschaftliche Fakultät hinein bildeten. Recht schnell sammelten sich auch Studenten von auswärts her, und mein eigener Doktorandenkreis wurde noch internationaler und facettenreicher, was die Verschiedenheit der Begabungen und der Positionen anging. So war bald wieder das rechte universitäre Fluidum gegeben, das mir für meine Arbeit so wichtig war. Es fehlte nicht an Auseinandersetzungen, aber es gab doch jenen grundsätzlichen Respekt voreinander, der für gedeihliche Arbeit so wichtig ist.

Gleich am Anfang der Regensburger Jahre stand übrigens eine Reihe von einschneidenden Ereignissen. Das erste war

meine Berufung in die Internationale Päpstliche Theologenkommission. Papst Paul VI. hatte sie auf Drängen von
Bischöfen und Kardinälen errichtet, die man wohl überwiegend dem sogenannten progressistischen Flügel der Konzilsväter zurechnen durfte. Wie die Bischofssynode die
konziliare Methode lebendig halten und den Bischöfen der
Weltkirche Anteil an den zentralen Entscheidungen geben
sollte, so sollte diese Kommission die neue Funktion fort-
führen, die den Theologen auf dem Konzil zugewachsen
war, und dafür sorgen, daß die modernen theologischen
Entwicklungen von Anfang an in die Entscheidungen der
Bischöfe und des Heiligen Stuhls eingehen konnten. Das
Konzil hatte ja den Eindruck vermittelt, daß die Theologie,
von der die Päpstlichen Behörden ausgingen, und die Theologie, die sich in den verschiedenen Ortskirchen entwickelte, auseinandergefallen waren; eine solche Spaltung sollte es
nicht mehr geben. Es bestand wohl auch der Gedanke, mit
der Theologenkommission ein Gegengewicht zur Glaubens-
kongregation zu schaffen oder aber ihr auf diese Weise einen neuen und anders gearteten Brain-Trust zu verleihen;
manche hofften wohl, das neue Gremium werde für eine
Art beständiger Revolution sorgen. Dementsprechend waren auch die Spannungen in der ersten Runde der jeweils für
fünf Jahre bestellten Kommission nicht gering. Es war als
erstes eine aufregende Sache zu sehen, wie die einzelnen
Mitglieder, die fast alle am Konzil teilgenommen hatten und
die man in der damaligen Konstellation durchweg der progressiven Richtung hatte zurechnen dürfen, die Erfahrungen der Nachkonzilszeit aufgenommen und wie sie darin
ihre Position definiert hatten. Es war für mich eine große
Ermutigung zu sehen, daß viele die gegenwärtige Lage und
unsere Aufgaben in ihr genauso beurteilten wie ich: Henri

de Lubac, der so viel unter der Enge des neuscholatistischen Regimes gelitten hatte, zeigte sich als entschiedener Kämpfer gegen die fundamentale Bedrohung des Glaubens, die alle Frontstellungen von ehedem veränderte, desgleichen Philippe Delhaye; Jorge Medina, der aus Chile stammende und mir gleichaltrige Theologe, sah die Lage nicht anders als ich. Dazu kamen neue Freunde: M.-J. Le Guillou, einer der großen Kenner der orthodoxen Theologie, kämpfte für die Theologie der Väter gegen die Auflösung des Glaubens in politischen Moralismus. Ein Kopf ganz besonderer Prägung war Louis Bouyer, der Konvertit mit seiner außerordentlichen Kenntnis der Väter, der Liturgiegeschichte, der biblischen und der jüdischen Traditionen.

Dazu kam die große Gestalt von Hans Urs von Balthasar. Ich war ihm erstmals 1960 in Bonn persönlich begegnet, als er einen kleinen Kreis eingeladen hatte, um über das von Alfons Auer (Moraltheologe, damals Würzburg, später Tübingen) vorgelegte Modell des weltoffenen Christen zu diskutieren. Balthasar sah dies als ein völliges Mißverständnis der Bibel, als ein Mißverständnis auch seiner eigenen Position der »Schleifung der Bastionen« an und hoffte, das Gespräch im kleinen Kreis könne rechtzeitig den eingeschlagenen Irrweg beenden. Leider war Auer selbst nicht gekommen, so daß der unmittelbare Dialog ausfiel, aber die Begegnung mit Balthasar wurde für mich der Anfang einer lebenslangen Freundschaft, für die ich nur dankbar sein kann. Ich habe nie wieder Menschen mit einer so umfassenden theologie- und geistesgeschichtlichen Bildung wie Balthasar und de Lubac gefunden und kann gar nicht sagen, wieviel ich der Begegnung mit ihnen verdanke. Congar versuchte seinem konzilianten Wesen gemäß immer, zwischen den Gegensätzen zu vermitteln, und er hat mit dieser geduldigen Offenheit sicher eine wichtige Mission erfüllt. Er war ein Mann eines ungeheuren Fleißes und einer durch Krankheit nicht zu bremsenden Arbeitsdisziplin. Rahner hingegen hatte sich weitgehend auf die progressiven Parolen einschwören lassen und ließ sich auch in abenteuerliche politische Positionen hineindrängen, die eigentlich mit seiner Transzendental-Philosophie schwer vereinbar waren. Die Auseinandersetzungen um das, was wir als Theologen in dieser Stunde tun sollten und tun mußten, waren ungeheuer lebhaft und forderten auch einen äußersten Einsatz physischer Kraft. Rahner und Feiner, der Schweizer Ökumeniker, verließen schließlich die Kommission, die ihrer Meinung nach nichts taugte, weil sie nicht bereit war, sich mehrheitlich radikalen Thesen anzuschließen.

Balthasar, der nicht zum Konzil beigezogen worden war und mit großer Scharfsicht die neu entstandene Lage beurteilte, suchte nach Lösungen, um die Theologie aus der Parteienbildung herauszuführen, in die sie immer mehr hineintendierte. Es ging ihm darum, alle diejenigen zu sammeln, die Theologie nicht aus vorgefaßten kirchenpolitischen Zielsetzungen heraus treiben wollten, sondern ganz streng von ihren Quellen und ihren Methoden her zu arbeiten entschieden waren. So entstand der Gedanke einer Internationalen Zeitschrift, die aus der Communio in Sakrament und Glaube heraus wirken und in sie hineinführen sollte. Wir haben das oft zusammen mit Lubac, Bouyer, Le Guillou, Medina besprochen. Zunächst schien sich das Projekt in Deutschland und Frankreich realisieren zu lassen. Dann aber traten – wohl auch durch die Erkrankung von Le Guillou – in Frankreich Schwierigkeiten auf. Inzwischen hatte Balthasar den Gründer der Bewegung Comunione e Liberazione, Luigi Giussani, und seine vielversprechenden jungen Leute in Mailand kennengelernt. So wurde die Zeitschrift zunächst in Deutschland und Italien geboren, mit einem je eigenen Gesicht. Denn es war unsere Überzeugung, daß dieses Blatt nicht ausschließlich theologisch sein durfte, sondern angesichts des Entstehens der Krise der Theologie aus einer Krise der Kultur, ja, aus einer Kulturrevolution, auch den kulturellen Bereich umfassen und zusammen mit Laien von hoher kultureller Kompetenz herausgegeben werden müsse. Da die Kulturen in den einzelnen Ländern recht verschieden sind, mußte die Zeitschrift dem Rechnung tragen und sozusagen ein föderalistisches Gepräge zeigen.

In Deutschland gewannen wir als Theologen noch den damaligen Freiburger Dogmatiker und jetzigen Mainzer Bischof Karl Lehmann dazu. Als Herausgeber fanden wir Franz Greiner, den letzten Herausgeber der einstmals berühmten katholischen Kulturzeitschrift Hochland. Dazu kam dann der damalige Bayerische Kultusminister Hans Maier, den ich als jungen Politologen der Münchener Universität noch in den Tübinger Jahren kennengelernt hatte, der Psychologe A. Görres sowie der Münchener Professor für Zeitungswissenschaft und Begründer des »Rheinischen Merkur« O.B. Roegele. Seitdem hat sich die Communio in sechzehn Sprachen ausgedehnt und ist zu einem wichtigen Instrument des theologischen und kulturellen Disputs geworden, auch wenn sie noch immer nicht ganz das verwirklicht, was uns vorschwebte. Sie ist jedenfalls lange Zeit zu akademisch geblieben; es ist uns nicht gelungen, hinlänglich konkret und rechtzeitig in die aktuellen Dispute einzugreifen. Trotzdem tut die Zeitschrift einen wichtigen Dienst, und die Jahre gemeinsamer Arbeit in der Gemeinschaft der Herausgeber haben meinen Horizont geweitet, mich viel lernen lassen.

Dem bedeutenden Ereignis der Internationalen Theologenkommission und der Zeitschrift Communio muß ich noch eine bescheidenere Erfahrung an die Seite stellen. Der Gedanke daran, daß Romano Guardini seine große Wirksamkeit in den zwanziger und dreißiger Jahren niemals von der Universität allein aus hätte entfalten können, sondern daß er durch die freie Gemeinschaft junger Menschen auf der Burg Rothenfels ein geistiges Zentrum geschaffen hatte, das dann auch sein universitäres Wirken aus dem bloß Akademischen heraushob, ging mir nach. Etwas Ähnliches mußte versucht werden, wenn auch gemäß der veränderten geistesgeschichtlichen Situation in sehr viel bescheidenerer Form. Einer meiner Schüler, Dr. Lehmann-Dronke, verfügte zusammen mit der westfälischen Baronesse von Stockhausen in der Gegend des Bodensees über einen zum Studienhaus umgebauten alten Bauernhof, der sich als Ort für einen solchen Versuch anbot. So habe ich dort Jahr um Jahr zusammen mit dem großen, zum Katholizismus konvertierten Exegeten Heinrich Schlier von 1970–1977 je einen einwöchigen Ferienkurs angeboten, in dem das heitere und ungezwungene Zusammensein in den Dingen des Alltags auch das theologische Gespräch und das gemeinsame Beten befruchtete. Ich hatte Schlier in meinen Bonner Jahren kennengelernt und konnte nun von seiner philologisch genauen und geistlich tiefen Auslegung der Schrift viel empfangen. Er war eine der noblen Gestalten der Theologie dieses Jahrhunderts, tief dem Erbe Heideggers und Bultmanns, seines Lehrers, verpflichtet und doch weit über beide hinausgewachsen. Ich bin sicher, daß sein im Augenblick weithin vergessenes Werk wieder neu entdeckt werden wird.

Das zweite große Ereignis am Anfang meiner Regensburger Jahre war die Veröffentlichung des Missale Pauls VI.,

Am 7. November 1992 wird der Kardinal als assoziiertes und auswärtiges Mitglied in die »Académie Sciences Morales et Politiques« des Institut de France in Paris aufgenommen. Er folgt dem russischen Atomphysiker Andrej Sacharow und würdigt seinen Vorgänger im berühmten Kuppelsaal der Akademie (oben und rechte Seite)

Mit dem Akademiepräsidenten Jean Foyer (l.) und dem »Secrétaire perpetuel« Bernard Chenot (r.) (unten)

Der alljährliche Besuch des Bruders in Rom wird gewöhnlich zu einem Ausflug genutzt. Hier sitzen die beiden Brüder auf den Stufen der Tempelruinen im süditalienischen Paestum (1995)

Wanderung mit Blick auf den Watzmann (oben) **und Ausflug nach Maria Gern im Berchtesgadener Land, Dezember 1978**

Neben vielen Ehrungen und Auszeichnungen erhielt der Kardinal am 22. Februar 1996 in der Münchner Staatskanzlei aus den Händen von Ministerpräsident Edmund Stoiber den Bayerischen Maximiliansorden für Kunst und Wissenschaft (von r. nach l. die Kardinäle Wetter und Ratzinger, Ministerpräsident Stoiber und seine Gattin)

Portrait des Kardinals im Jahr 1996 (rechte Seite)

Am 13. Oktober 1996 besucht der Kardinal den portugiesischen Wallfahrtsort Fatima und feiert vor der Basilika ein Pontifikalamt mit Hunderttausenden Pilgern und Besuchern (unten)

Aufgrund der zahlreichen in seiner Amtszeit erschienen Dokumente ist der Kardinal ein regelmäßiger Gast im Vatikanischen Pressesaal. Hier stellt er am 28. 1. 1997 der am Vatikan akkreditierten internationalen Presse die russische Übersetzung des Katechismus der Katholischen Kirche vor, der inzwischen in 32 Sprachen und in acht Millionen Exemplaren erschienen ist.

Neben den Begegnungen in den wöchentlichen »Tabellen-Audienzen« gehört es zu den Gewohnheiten des gegenwärtigen Papstes, seine engsten Mitarbeiter und Berater zu regelmäßigen Arbeitsessen einzuladen. So spricht hier der Papst vor dem Mittagessen am Josefitag 1997 dem Kardinal seine besten Wünsche zum Namenstag aus.

Der Kardinal in seiner täglichen Umgebung: im Audienzzimmer der Kongregation für die Glaubenslehre mit dem Sekretär der Behörde, dem italienischen Erzbischof Tarcisio Bertone, an seinem Schreibtisch und auf der Terrasse des »Hl. Offiziums«, März 1997

Begegnung mit Papst Johannes Paul II. in der Basilika St. Peter in Rom anläßlich der Feier zur Erhebung der Hl. Theresa vom Kinde Jesu zur Kirchenlehrerin (19. Oktober 1997)

In einer Sonderaudienz mit Papst Johannes Paul II. im Vatikan für die Mitglieder und Mitarbeiter der Kongregation für die Glaubenslehre zum Abschluß der Vollversammlung (24. Oktober 1997)

Die bekannte italienische Malerin Dina Bellotti erstellte in den römischen Jahren vier Portraits des Kardinals. Hier ein im Jahr 1993 in Tempera gefertigtes Bild.

verbunden mit dem fast völligen Verbot des bisherigen Missale nach einer Übergangsphase von nur einem halben Jahr. Daß nach einer Zeit des Experimentierens, das die Liturgie oft tief entstellt hatte, wieder ein verbindlicher liturgischer Text vorlag, war zu begrüßen. Aber ich war bestürzt über das Verbot des alten Missale, denn etwas Derartiges hatte es in der ganzen Liturgiegeschichte nie gegeben. Man erweckte zwar den Eindruck, als ob dies etwas ganz Normales sei. Das bisherige Missale sei von Pius V. 1570 im Anschluß an das Konzil von Trient geschaffen worden; so sei es normal, daß nach 400 Jahren und einem neuen Konzil ein neuer Papst ein neues Meßbuch vorlege. Aber die historische Wahrheit ist anders. Pius V. hatte lediglich das vorhandene Missale Romanum überarbeiten lassen, wie dies im lebendigen Wachstum der Geschichte die Jahrhunderte hindurch normal ist. So hatten auch viele seiner Nachfolger dieses Missale neu bearbeitet, ohne je ein Missale gegen ein anderes zu stellen. Es war ein kontinuierlicher Prozeß des Wachsens und des Reinigens, in dem doch die Kontinuität nie zerstört wurde. Ein Missale Pius' V., das von ihm geschaffen worden wäre, gibt es nicht. Es gibt nur die Überarbeitung durch Pius V. als Phase in einer langen Wachstumsgeschichte. Das Neue nach dem Konzil von Trient war anderer Natur: Der Einbruch der Reformation hatte sich vor allem in der Weise liturgischer »Reformen« vollzogen. Es gab ja nicht einfach katholische und protestantische Kirche nebeneinander; die Spaltung der Kirche vollzog sich fast unmerklich und am sichtbarsten wie geschichtlich wirksamsten in der Veränderung der Liturgie, die wieder lokal sehr verschieden ausfiel, so daß auch da die Grenzen zwischen noch katholisch und nicht mehr katholisch oft gar nicht auszumachen waren.

In dieser Situation der Verwirrung, die durch das Fehlen einer einheitlichen liturgischen Gesetzgebung und den an sich bestehenden liturgischen Pluralismus des Mittelalters möglich geworden war, entschied der Papst, daß nun das Missale Romanum, das Meßbuch der Stadt Rom, als zweifelsfrei katholisch überall dort einzuführen sei, wo man nicht auf Liturgien verweisen konnte, die wenigstens 200 Jahre alt waren. Wo dies der Fall war, konnte man bei der bisherigen Liturgie bleiben, weil ja dann deren katholischer Charakter als gesichert gelten durfte. Von einem Verbot eines bisherigen und bisher rechtmäßig gültigen Missale konnte also gar keine Rede sein. Das nunmehr erlassene Verbot des Missale, das alle Jahrhunderte hindurch seit den Sakramentaren der alten Kirche kontinuierlich gewachsen war, hat einen Bruch in die Liturgiegeschichte getragen, dessen Folgen nur tragisch sein konnten. Eine Revision des Missale, wie es sie oft gegeben hatte und die diesmal einschneidender sein durfte als bisher, vor allem wegen der Einführung der Muttersprache, war sinnvoll und mit Recht vom Konzil angeordnet.

Aber nun geschah mehr: Man brach das alte Gebäude ab und baute ein anderes, freilich weitgehend aus dem Material des Bisherigen und auch unter Verwendung der alten Baupläne. Es gibt gar keinen Zweifel, daß dieses neue Missale in vielem eine wirkliche Verbesserung und Bereicherung brachte, aber daß man es als Neubau gegen die gewachsene Geschichte stellte, diese verbot und damit Liturgie nicht mehr als lebendiges Wachsen, sondern als Produkt von gelehrter Arbeit und von juristischer Kompetenz erscheinen ließ, das hat uns außerordentlich geschadet. Denn nun mußte der Eindruck entstehen, Liturgie werde »gemacht«, sie sei nichts Vorgegebenes, sondern etwas in unseren Entscheiden Liegendes. Und dann ist es wiederum logisch, daß man nicht die Gelehrten und nicht eine zentrale Behörde allein als Entscheidungsträger anerkennt, sondern daß zuletzt jede »Gemeinde« sich ihre Liturgie selber geben will. Aber wo Liturgie nur selbstgemacht ist, da eben schenkt sie uns nicht mehr, was ihre eigentliche Gabe sein sollte: die Begegnung mit dem Mysterium, das nicht unser Produkt, sondern unser Ursprung und die Quelle unseres Lebens ist. Eine Erneuerung des liturgischen Bewußtseins, eine liturgische Versöhnung, die wieder die Einheit der Liturgiegeschichte anerkennt, das Vatikanum nicht als Bruch, sondern als Entwicklungsstufe versteht, ist für das Leben der Kirche dringend vonnöten. Ich bin überzeugt, daß die Kirchenkrise, die wir heute erleben, weitgehend auf dem Zerfall der Liturgie beruht, die mitunter sogar so konzipiert wird, »etsi Deus non daretur«: daß es in ihr gar nicht mehr darauf ankommt, ob es Gott gibt und ob er uns anredet und erhört. Wenn aber in der Liturgie nicht mehr die Gemeinschaft des Glaubens, die weltweite Einheit der Kirche und ihrer Geschichte, das Mysterium des lebendigen Christus erscheint, wo erscheint Kirche in ihrem geistlichen Wesen dann noch? Dann feiert die Gemeinde nur sich selbst, aber das lohnt sich nicht. Und weil es die Gemeinde aus sich gar nicht gibt, sie vielmehr immer nur durch den Glauben vom Herrn her überhaupt als Einheit entsteht, ist Zerfall in Parteiungen aller Art, das parteiliche Gegeneinander in einer sich selbst zerreißenden Kirche unter diesen Bedingungen unwiderruflich. Darum brauchen wir eine neue Liturgische Bewegung, die das eigentliche Erbe des II. Vatikanischen Konzils zum Leben erweckt.

Im übrigen waren die Regensburger Jahre eine Zeit fruchtbarer theologischer Arbeit für mich. Ich war mit zwei großen Projekten konfrontiert, die freilich beide wegen meiner Ernennung zum Bischof nicht zur Verwirklichung kamen. Nach dem großen Erfolg der einbändigen Moraltheologie von Pater Häring hatte der Verleger Wewel, der das Buch angeregt hatte, die Idee, eine Dogmatik gleichen Typs schaffen zu lassen, und lud Karl Rahner als Autor ein, etwa im Jahr 1957. Rahner sagte seiner Überlastung wegen ab und verwies auf mich – für mich, einen unbekannten jungen Mann eine unverdiente Ehre. Ich war mir der Grenze meiner Kräfte bewußt und machte zur Bedingung, daß ich einen zweiten Autor dazu suchen dürfe. Das wurde angenommen, und ich gewann Pater Grillmeier für das Vorhaben. Ich habe damals eifrig an dem Projekt gearbeitet, und meine Schwester hat viele hundert Seiten geschrieben, aber das Konzil blockierte weitere Versuche, und nach dem Konzil war es unmöglich, sofort wieder zu der übernommenen Aufgabe zurückzukehren. Aber nun sollte es Zeit dafür werden. Da stellte sich eine neue Schwierigkeit ein: Professor Auer hatte eben mit der Verwirklichung einer alten Absicht begonnen, nämlich eine Dogmatik in handlichen kleinen Faszikeln herauszubringen. Wohl überwiegend auf Drängen des Verlegers Pustet bat er mich dringend, als Mitautor in das Vorhaben einzutreten. Ich machte ihn auf meine Bindung an das Wewel-Projekt aufmerksam, aber schließlich konnte ich seinem Drängen nicht widerstehen und übernahm für sein Werk diejenigen Teile, die in der Wewel-Dogmatik Pater Grillmeier schreiben sollte. Es kam zu einer Verstimmung mit dem Wewel-Verlag, die sich aber wieder löste. Jedenfalls habe ich weder das eine noch das andere leisten können. Als einziges gelang mir, die Eschatologie für die Dogmatik von Auer zu schreiben, die ich immerhin als mein am meisten durcharbeitetes Werk ansehe. Zunächst versuchte ich einfach, nach dem Einschnitt des Konzils, meine ganze Dogmatik neu zu konzipieren, mich neu den Quellen zuzuwenden und die laufende Produktion im Auge zu behalten. So wuchs mir allmählich eine Vision des Ganzen zu, die sich aus den vielfältigen Erfahrungen und Erkenntnissen speiste, mit denen mich mein theologischer Weg konfrontiert hatte. Ich freute mich darauf, etwas Eigenes, Neues und doch ganz im Glauben der Kirche Gewachsenes sagen zu dürfen, aber es war mir offenbar nicht zugedacht. Eben als ich damit begonnen hatte, wurde ich in eine andere Aufgabe gerufen.

Das Gefühl, immer deutlicher eine eigene theologische Sicht zu gewinnen, war wohl die schönste Erfahrung der Regensburger Jahre. Ich hatte ein kleines Haus mit Garten bauen können, das meiner Schwester und mir ein rechtes Zuhause wurde, in dem mein Bruder immer gerne einkehrte. Wir waren wieder daheim. Auch für meinen Bruder waren dies gesegnete Jahre. Einspielungen von Schütz, Bach, Vivaldi, Monteverdi wurden mit internationalen Preisen bedacht; das 1000jährige Bestehen des Regensburger Domchores 1976 glanzvoll gefeiert. Als am 24. Juli 1976 die Nachricht vom jähen Tod des Münchener Erzbischofs, Julius Kardinal Döpfner, über den Äther ging, erschraken wir alle. Bald kamen Gerüchte auf, daß ich unter den Kandidaten für die Nachfolge sei. Ich konnte sie nicht sehr ernst nehmen, denn die Grenzen meiner Gesundheit waren ebenso bekannt wie meine Fremdheit gegenüber Aufgaben der Leitung und der Verwaltung; ich wußte mich zum Gelehrtenleben berufen. Die akademischen Ämter – ich war nun wieder Dekan und Vizepräsident der Universität – blieben im Bereich der Funktionen, die ein Professor übernehmen muß, und waren von der Verantwortung eines Bischofs weit entfernt.

Erzbischof von München und Freising

So dachte ich noch an nichts Schlimmes, als Nuntius Del Mestri mich in Regensburg unter einem Vorwand besuchte, über Belangloses mit mir plauderte und mir schließlich einen Brief in die Hand drückte, den ich zu Hause lesen und bedenken solle. Er enthielt meine Ernennung zum Erzbischof von München und Freising. Dies wurde für mich ein unendlich schwieriger Entscheid. Mir war gestattet, meinen Beichtvater zu konsultieren. So eröffnete ich mich Professor Auer, der meine Grenzen – theologischer wie menschlicher Art – sehr realistisch kannte. Ich durfte erwarten, daß er mir abraten würde. Aber zu meiner großen Überraschung sagte er ohne großes Überlegen: Das mußt Du annehmen. So schrieb ich zögernd, nachdem ich dem Nuntius noch einmal meine Bedenken vorgetragen hatte, unter seinen Augen auf das Briefpapier des Hotels, in dem er Wohnung genommen hatte, die Erklärung meiner Zustimmung. Die Wochen bis zur Weihe waren schwer. Ich schwankte innerlich noch immer, und überdies war noch eine Last an Arbeiten abzutragen, die mich fast erdrückt hätte, so daß ich mit ziemlich angeschlagener Gesundheit auf den Tag der Weihe zuging. Dieser Tag selber war freilich unfaßbar schön. Es war ein strahlender Frühsommertag, am Vorabend von Pfingsten 1977. Der Dom zu München, der nach dem Wiederaufbau nach dem Zweiten Weltkrieg einigermaßen nüchtern ausgefallen war, war herrlich geschmückt und von einer Atmosphäre der Freude erfüllt, die einen geradezu unwiderstehlich ergriff. Ich habe erlebt, was Sakrament ist – daß da Wirklichkeit geschieht. Dann das Gebet vor der Mariensäule im Herzen der bayerischen Hauptstadt, die Begegnung mit den vielen Menschen, die den Unbekannten mit einer Herzlichkeit und Freude aufnahmen, die gar nicht mir gelten konnte, sondern die mir wieder zeigte, was das Sakrament ist: Man begrüßte den Bischof, den Träger des Geheimnisses Christi, auch wenn das so den meisten vielleicht nicht bewußt war. Aber die Freude des Tages war eben wirklich etwas anderes als die Zustimmung zu einer bestimmten Person, die ja erst ihre Befähigung zeigen mußte. Es war die Freude darüber, daß dieses Amt, dieser Dienst, in einem Menschen wieder da war, der nicht für sich selber handelt und lebt, sondern für Ihn und darum für alle.

Mit der Bischofsweihe beginnt auf dem Weg meines Lebens die Gegenwart. Denn Gegenwart ist nicht ein bestimmtes Datum, sie ist das Jetzt eines Lebens. Und dieses Jetzt kann lang oder ganz kurz sein. Für mich ist das, was mit der Handauflegung zur Bischofsweihe im Münchener Dom anfing, noch immer das Jetzt meines Lebens. Deswegen kann ich darüber keine Erinnerungen schreiben, sondern eben nur versuchen, dieses Jetzt recht auszufüllen.

Was soll ich also zum Schluß dieser Skizze sagen? Ich habe mir als bischöflichen Wahlspruch das Wort aus dem dritten Johannesbrief gewählt »Mitarbeiter der Wahrheit«, zum einen, weil es mir die vereinigende Klammer zwischen meiner bisherigen Aufgabe und dem neuen Auftrag zu sein schien: Bei allen Unterschieden ging und geht es doch um das gleiche, der Wahrheit nachzugehen, ihr zu Diensten zu sein. Und weil in der heutigen Welt das Thema Wahrheit fast ganz verschwunden ist, weil sie als für den Menschen zu groß erscheint und doch alles verfällt, wenn es keine Wahrheit gibt, deswegen schien mir dieser Wahlspruch auch zeitgemäß im guten Sinn zu sein. Im Wappen der Freisinger Bischöfe findet sich seit ungefähr tausend Jahren der gekrönte Mohr: Man weiß nicht recht, was er bedeutet. Für mich ist er Ausdruck der Universalität der Kirche, die keinen Unterschied der Rassen und der Klassen kennt, weil wir alle »einer sind« in Christus (Gal 3,28).

Ich wählte für mich noch zwei Symbole dazu. Als erstes die Muschel, die zunächst einfach Zeichen unserer Pilgerschaft, unseres Unterwegsseins ist: »Wir haben hier keine bleibende Stadt.« Aber mich erinnerte sie auch an die Legende, Augustinus, der über das Geheimnis der Trinität grübelte, habe am Strand ein Kind mit einer Muschel spielen sehen, mit der es das Wasser des Meeres in eine kleine Grube zu schöpfen versuchte. Da sei ihm gesagt worden: So wenig diese Grube die Wasser des Meeres fassen kann, so wenig kann dein Verstand das Geheimnis Gottes umgreifen. So ist die Muschel Hinweis für mich auf meinen großen Meister Augustinus, Hinweis auf meine theologische Arbeit und Hinweis auf die Größe des Geheimnisses, das weiter reicht als all unsere Wissenschaft.

Schließlich nahm ich aus der Legende des Freisinger Gründerbischofs Korbinian den Bären dazu: Ein Bär habe auf der Reise nach Rom das Pferd des Heiligen zerfleischt, so erzählt die Geschichte. Da habe Korbinian ihm seine Untat streng verwiesen und ihm zur Strafe das Bündel aufgepackt, das bis dahin das Pferd getragen hatte. Nun mußte der Bär das Bündel nach Rom schleppen und wurde erst dort vom Heiligen entlassen. Mich erinnerte der mit der

Last des Heiligen beladene Bär an eine Psalmenmeditation des heiligen Augustinus. In den Versen 22 und 23 des Psalmes 72 (73) hat er die Last und die Hoffnung seines Lebens ausgedrückt gefunden. Was er in diesen Versen findet und dazu kommentiert, ist wie ein Selbstporträt, im Angesicht Gottes aufgenommen und so nicht nur ein frommer Gedanke, sondern Auslegung des Lebens und Licht auf dem Weg.

Was Augustinus da schreibt, wurde mir nun zur Darstellung meines eigenen Geschicks. Der Psalm aus der Weisheitsüberlieferung zeigt die Not des Glaubens, die aus seiner irdischen Erfolglosigkeit kommt; wer auf Gottes Seite steht, steht nicht notwendig auf seiten des Erfolgs: Gerade die Zyniker sind oft die Menschen, die das Glück zu verwöhnen scheint. Wie soll man das verstehen? Der Psalmist findet die Antwort im Stehen vor Gott, bei dem er die letzte Belanglosigkeit materiellen Reichtums und Erfolgs begreift und erkennt, was das wahrhaft Notwendige und Rettende ist. »Ut iumentum factus sum apud te et ego semper tecum.« Die modernen Übersetzungen geben das so wieder: »Als mein Herz verwirrt war..., da war ich töricht und unvernünftig, wie dummes Vieh benahm ich mich vor dir. Dennoch bin ich stets bei dir...« Augustinus hat das Wort vom Vieh etwas anders aufgefaßt. Das lateinische Wort iumentum bezeichnete vor allem die Zugtiere, die für die Arbeit in der Landwirtschaft eingesetzt wurden, und darin sieht er nun ein Bild seiner selbst unter der Last seines bischöflichen Dienstes: Ein Zugtier bin ich vor dir, für dich, und gerade so bin ich bei dir. Er hatte das Leben eines Gelehrten gewählt und war von Gott zum »Zugtier« bestimmt worden – zum braven Ochsen, der den Karren Gottes in dieser Welt zieht. Wie oft hat er aufbegehrt gegen all den Kleinkram, der ihm auf diese Weise auferlegt war und ihn an der großen geistigen Arbeit hinderte, die er als seine tiefste Berufung wußte. Aber da hilft ihm der Psalm aus aller Bitterkeit heraus: Ja, freilich, ein Zugtier bin ich geworden, ein Packesel, ein Ochs – aber gerade so bin ich bei dir, diene dir, hast du mich in der Hand. Wie eben das Zugtier dem Bauern am nächsten ist und ihm seine Arbeit tut, so ist er gerade in solchem demütigem Dienst ganz nahe bei Gott, ganz in seiner Hand, ganz sein Werkzeug – nicht näher könnte er bei seinem Herrn sein, nicht wichtiger für ihn. Der bepackte Bär, der dem heiligen Korbinian das Pferd oder wohl eher den Maulesel ersetzte, sein Maulesel wurde – gegen seinen Willen, war er so und ist er nicht ein Bild dessen, was ich soll und was ich bin? »Ein Packesel bin ich für dich geworden, und gerade so bin ich ganz und immer bei dir.«

Was könnte ich mehr und Genaueres über meine bischöflichen Jahre sagen? Von Korbinian wird erzählt, daß er den Bären in Rom wieder in Freiheit entließ. Ob er in den Abruzzo ging oder in die Alpen zurückkehrte, interessiert die Legende nicht. Inzwischen habe ich mein Gepäck nach Rom getragen und wandere seit langem damit in den Straßen der Ewigen Stadt. Wann ich entlassen werde, weiß ich nicht, aber ich weiß, daß auch mir gilt: Dein Packesel bin ich geworden, und so, gerade so bin ich bei dir.

Literaturhinweise

Kindheit zwischen Inn und Salzach

Zum Verstehen des Landes, in dem ich aufgewachsen bin, ist hilfreich B. Hubensteiner, Vom Geist des Barock. München 1967². Dort S. 173–187 auch ein lehrreiches Kapitel über B. Holzhauser, den zeitweise in Tittmoning wirkenden Reformer und Apokalyptiker.

Gymnasialjahre in Traunstein

Zu H. Jedin (S. 19) verweise ich auf dessen höchst lesenswerte Autobiographie: H. Jedin, Lebensbericht. Mit einem Dokumentenanhang herausgegeben von K. Repgen. Mainz 1984, S. 111 hat Jedin festgehalten, was er am 17. Juni 1940 in sein Tagebuch geschrieben hatte: »Der militärische Sieg Hitlers hat mir jede Aussicht, noch in der Fülle der Kraft zu einer akademischen Lehrtätigkeit zurückzukehren und die bürgerliche Gleichberechtigung wiederzuerlangen, zerstört. Diese Feststellung dominiert über den Stolz auf die Leistungen der deutschen Soldaten, über die Genugtuung, daß die dem deutschen Volk 1918/19 angetane Schmach ausgelöscht ist.«

Kriegsdienst und Gefangenschaft

Zum Verstehen der Situation Österreichs zwischen 1933 und 1938, besonders für den Kampf von Bundeskanzler Dollfuß gegen den Nationalsozialismus, ist lehrreich D. v. Hildebrand, Memoiren und Aufsätze gegen den Nationalsozialismus 1933–1938. Mainz 1994. Einen guten Überblick (mit Literatur- und Quellenhinweisen) liefert die von E. Wenisch verfaßte Einleitung (S. 11*–31*).

Einige Ergänzungen besonders zur Traunsteiner Zeit und zu den frühen Nachkriegsjahren habe ich festgehalten in meinem Beitrag: Mein Bruder, der Domkapellmeister, in: P. Winterer (Hrsg.), Der Domkapellmeister Georg Ratzinger – ein Leben für die Regensburger Domspatzen. Regensburg 1994.

Studium der Theologie in München

Zum Verständnis der theologischen Wende nach dem ersten Weltkrieg vom Liberalismus zu einer kirchlichen, biblischen und ökumenischen Theologie erscheint mir nichts so hilfreich wie die kurze Autobiographie von R. Guardini, jetzt neu aufgelegt, in dem Sammelband R. Guardini, Stationen und Rückblicke / Berichte über mein Leben. Mainz-Paderborn 1995, bes. S. 76–86.

Zu der hier angedeuteten Sicht des Verhältnisses von Altem und Neuem Testament möchte ich aus der überreichen Literatur nur eine mir besonders wichtig erscheinende Studie von H. Gese nennen: Alttestamentliche Hermeneutik und christliche Theologie, in: Zeitschrift für Theologie und Kirche, Beiheft 9 Theologie als gegenwärtige Schriftauslegung, S. 65–81.

Ein bezeichnendes Licht auf die gegensätzlichen Positionen innerhalb der Liturgischen Bewegung und auf die davon ausgelösten Fragen für die praktische Frömmigkeit wirft ein Brief, den Edith Stein am 7. 5. 1933 aus Münster an Elly Dursy, Schwester Maria Elisabeth von der göttlichen Vorsehung OCD, zu einem auch heute aktuell gebliebenen Thema geschrieben hat:

»Liebe Elly, da ich eben aus der Kapelle heraufkomme, wo heute früh das Sanctissimum ausgesetzt wurde (und coram Sanctissimo Choralamt gesungen – ein horrendum für einen Überliturgiker!), so möchte ich Dir gleich einen Gruß des eucharistischen Heilands bringen und zugleich einen liebevollen Vorwurf, weil Du Dich durch ein paar gedruckte Worte irremachen läßt an dem, was Du in so vielen Jahren vor dem Tabernakel erfahren hast. Dogmatisch scheint mir die Sache ganz klar: der Herr ist im Tabernakel gegenwärtig mit Gottheit und Menschheit. Er ist das nicht Seinetwegen, sondern unseretwegen: weil es Seine Freude ist, bei den Menschenkindern zu sein. Und weil er weiß, daß wir, wie wir nun einmal sind, Seine persönliche Nähe brauchen. Die Konsequenz ist für jeden natürlich Denkenden und Fühlenden, daß er sich hingezogen fühlt und dort ist, sooft und solange er darf. Ebenso klar ist die Praxis der Kirche, die das Ewige Gebet eingeführt hat.

Und um Dir noch einen Kronzeugen zu nennen, dessen liturgische Sachverständigkeit Du nicht anzweifeln wirst: Vater Erzabt

(Raphael Walzer OSB) sagte vor Jahren einmal zu mir: ›Nicht wahr, Sie sind nicht liturgisch, Sie sind katholisch!‹ weil er nämlich die Leute übersatt hat, die zu ihm kommen, um ihm etwas von Liturgie vorzuschwatzen.)... Ich glaube, wenn Du etwas mehr davon wüßtest, wie viele Tausende jetzt (1933) zur Verzweiflung getrieben werden, dann würdest Du Dich danach sehnen, ihnen von ihrem Übermaß an Not und Leid etwas abzunehmen.

Herzlichst Deine   Edith Stein«

(E. Stein Werke VIII, S. 136 f. wieder veröffentl. in: E. Stein, Gedanken zur Eucharistie. Speyer o. J. 1997).

Das Drama der Habilitation und die Freisinger Jahre

Die Habilitationsschrift ist 1959 unter dem Titel »Die Geschichtstheologie des heiligen Bonaventura« im Münchener Verlag Schnell und Steiner erschienen; der Verleger und Kunsthistoriker Dr. Hugo Schnell war mir während meiner Kaplansjahre zum Freund geworden. Eine zweite Auflage wurde 1989 vom EOS-Verlag St. Ottilien vorgelegt. Die Franciscan Herald Press (Chicago) hat 1971 eine englische Übersetzung veröffentlicht, von der 1989 eine zweite Auflage erschien. Eine besondere Freude war es mir, daß die Presses universitaires de France 1988 in der von R. Brague und Y. Lacoste geleiteten Reihe »Théologiques«, die theologische Klassiker der Gegenwart veröffentlicht, eine französische Übersetzung des Buches herausbrachten. Gefreut hat mich auch, daß die angesehene Biblioteca medievale des Verlags Nardini (Florenz) 1991 eine italienische Übertragung herausbrachte. Wenn mir nach meiner Ablösung von meinem jetzigen Amt Zeit und Kraft erhalten bleiben, möchte ich gern die bisher in der Schublade gebliebenen ersten zwei Teile meiner damaligen Arbeit der wissenschaftlichen Öffentlichkeit zur Diskussion vorlegen.

Professor in Bonn

Zu Hackers 1966 bei Styria, Graz, erschienenem Buch »Das Ich im Glauben bei Martin Luther« habe ich damals auf seinen Wunsch hin ein kurzes Geleitwort geschrieben. Von Hackers indologischen Arbeiten möchte ich seine »Kleinen Schriften« (Wiesbaden 1978) und »Inklusivismus: Eine indische Denkform« (Wien 1983) nennen.

Der Konzilsbeginn und
der Übergang nach Münster

Zur Frage der Konzilsprioritäten ist besonders aufschlußreich der Brief, den der damalige Erzbischof von Mailand, Kardinal Montini, am 18. Oktober 1962 an Kardinal-Staatssekretär Amleto Cicognani geschrieben hat. Der nachmalige Papst legt darin eine wohl durchdachte thematische Struktur für die Konzilsarbeit vor, die er auf drei Konzilsperioden verteilt sehen möchte. In diesem Brief findet sich auch der Hinweis darauf, daß das Schema über die Liturgie als erstes diskutiert werden solle, wozu Montini sagt, »qu'il ne présent aucune exigence primordiale«; dies verstärke die Befürchtung, daß für das Konzil kein wirklicher Arbeitsplan vorliege. In: Nouvelle Revue Théologique 107 (1985) S. 18–21, Zitat S. 18. Kardinal Suenens hat in derselben Nummer der Zeitschrift S. 3–18 seine Erinnerungen über die Anfänge des Konzils und die Frage nach einer thematischen Ordnung festgehalten: Aux origines du Concile Vatican II. Ich darf auch hinweisen auf meinen Beitrag: Buchstabe und Geist des Zweiten Vatikanums in den Konzilsreden von Kardinal Frings, in: Internationale Katholische Zeitschrift Communio 16 (1987) S. 251–265.

Über das Experiment mit der »missa normativa« und deren Ablehnung durch die Väter der Synode von 1967 berichtet der damalige Sekretär des »Rates für die Durchführung der Liturgiereform« und nachmalige Sekretär der »Kongregation für den göttlichen Kult«, Annibale Bugnini, in seinem dokumentarischen Werk »La riforma liturgica« (1948–1975) Roma 1983, S. 341–345.

Der Tübinger Dogmatiker J.R. Geiselmann hat seine Ideen über die Trienter Lehre von der Tradition sowie zu Schrift und Überlieferung überhaupt zusammengefaßt in seinem Buch: Die Heilige Schrift und die Tradition. Freiburg 1962. Meine eigene Sicht habe ich umrissen in dem kleinen Buch: K. Rahner – J. Ratzinger, Offenbarung und Überlieferung. Freiburg 1964, S. 25–69.

Die Regensburger Jahre

Zur Gestalt von H. de Lubac möchte ich gern auf sein 1989 in Namur erschienenes Werk »Mémoire sur l'occasion de mes écrits« hinweisen, das 1996 vom Johannesverlag Einsiedeln – Freiburg in einer mustergültigen deutschen Übersetzung herausgebracht wurde. Das Buch spiegelt in einzigartiger Weise das theologische und kirchliche Ringen eines Jahrhunderts mit seinen Aufstiegen, Abstiegen und Peripetien.

Zur Frage des Missale Romanum: Für die Erkenntnis von Kontinuität und Wandlung in der Geschichte des römischen Missale besitzen wir nun ein wichtiges Quellenwerk in dem fotostatischen Nachdruck der ersten Druckausgabe des römischen Meßbuches von 1474, herausgegeben von A. Ward und C. Johnson in der Bibliotheca »Ephemerides liturgicae Subsidia« (Hrsg. A. Pistoia – A. M. Triacca), Supplementa 3: Missalis Romani editio princeps. Mediolani anno 1474 prelio mandata. Roma 1996. Soeben (1997) legt die Libreria Editrice Vaticana auch eine schöne Reproduktion des Missale von 1570 vor. C. Johnson und A. Ward haben übrigens in der oben genannten Reihe 1993 auch das umstrittene Missale Parisiense anno 1783 publici iuris factum herausgebracht; auf weitere Publikationen ist zu hoffen, so daß man sich einen immer deutlicheren Eindruck von der Pluralität der Gestalten des lateinischen Ritus wird machen können, die bis ins 19. Jahrhundert hinein bestand. Jenen Uniformismus, mit dem man jetzt das absolute Verbot des Missale von 1962 zu rechtfertigen versucht, hat es in der Geschichte allenfalls in der ersten Hälfte des 20. Jahrhunderts gegeben, aber er gehört nicht zum Wesen der lateinischen Liturgie. Mit Recht hat Mailand seine alte Liturgie festgehalten; mit Recht suchen Toledo und Lyon ihre alten Traditionen neu zu beleben.

Ich möchte eigens darauf hinweisen, daß der Titel, mit dem 1970 das sogenannte Missale Paul's VI. vorgelegt wurde, liturgiegeschichtlich durchaus korrekt ist: Missale Romanum ex Decreto Sacrosancti Concilii Vaticani II instauratum. Auctoritate Pauli PP. VI promulgatum. Hier ist die Kontinuität der Entwicklung durchaus ausgedrückt, die aber in der faktischen Einführung und Durchführung in der Kirche nicht zur Geltung gebracht wurde. Ich sehe, wie ich bereits gesagt habe, dieses Missale »in vielem als eine wirkliche Verbesserung und Bereicherung« an. Was der Kirche tief geschadet hat und immer noch schadet, ist der Graben, den man zwischen »vorkonziliar« und »nachkonziliar« aufgerichtet hat, als ob es sich um zwei Kirchen und zwei Liturgien handelte, als ob das damals Heiligste nun das Verbotenste und Schlimmste wäre. Eine Institution, die so mit ihrer Geschichte und den ihr zugehörigen Menschen umgeht, braucht sich über negative Auswirkungen nicht zu wundern. Im übrigen hat gerade dieses Insistieren auf einem angeblichen Gegensatz mehr als alles andere der Rezeption des erneuerten Missale geschadet. Darum kann ich nur immer wieder mit Nachdruck sagen, daß diese »Exkommunikation« des alten Missale aufhören muß, auch gerade um der rechten Aneignung des neuen willen.

Erzbischof von München und Freising

Eine schöne Ausgabe der Korbinianslegende ist 1983 bei Schnell und Steiner (München – Zürich) erschienen: H. Glaser – F. Brunhölzl – S. Benker (Hrsg.), Vita Corbiniani. Bischof Arbeo von Freising und die Lebensgeschichte des heiligen Korbinian.

Augustinus hat seine Meditation über das Zugtier Gottes an verschiedenen Texten festgemacht, so zum Beispiel auch in einer Weihnachtspredigt (Sermo 189 Patrologia Latina 38, 1006) im Anschluß an Jes 1,3: »Der Ochs kennt seinen Besitzer und der Esel die Krippe seines Herrn« (Is 1,3). Erröte nicht darüber, daß du Gottes Zugtier bist: Christus wirst du tragen, du wirst nicht fehlgehen; du gehst auf dem Weg, er sitzt über dir. Möge der Herr auf uns sitzen und uns leiten, wohin er will: Sein Tragtier sind wir, nach Jerusalem gehen wir. Wenn er auf uns sitzt, werden wir nicht gedrückt, sondern erhoben. Wenn er uns führt, irren wir nicht. Durch ihn gehen wir zu ihm, damit wir uns mit dem heute geborenen Kind auf ewig freuen können.

Personenregister

(Kursive Ziffern verweisen auf Bildlegenden)

Bildnachweis